Análisis psicológico de los mitos, cuentos y sueños

Compiladores

José de Jesús González Núñez

Joseph Knobel Freud

EDITORIAL
PAX
MÉXICO

INSTITUTO DE
INVESTIGACIÓN EN
PSICOLOGÍA
CLÍNICA Y
SOCIAL, A. C.

EL LIBRO MUERE CUANDO LO FOTOCOPIAN

Amigo lector:

La obra que tiene en sus manos es muy valiosa. Su autor vertió en ella conocimientos, experiencia y años de trabajo. El editor ha procurado una presentación digna de su contenido y pone su empeño y recursos para difundirla ampliamente, por medio de su red de comercialización.

Cuando usted fotocopia este libro o adquiere una copia "pirata" o fotocopia ilegal del mismo, el autor y editor no perciben lo que les permite recuperar la inversión que han realizado.

La reproducción no autorizada de obras protegidas por el derecho de autor desalienta la creatividad y limita la difusión de la cultura, además de ser un delito.

Si usted necesita un ejemplar del libro y no le es posible conseguirlo, escríbanos o llámenos. Lo atenderemos con gusto.

EDITORIAL PAX MÉXICO

Título de la obra: *Análisis psicológico de los mitos, cuentos y sueños*s

COORDINACIÓN EDITORIAL: Matilde Schoenfeld
PORTADA: Víctor M. Santos Gally
DIAGRAMACIÓN: Ediámac

Instituto de Investigaciones en Psicología Clínica y Social, AC
Minerva 83, Col. Crédito Constructor
03940, México, DF (así sin puntos)
5661 3965

© 2011   Editorial Pax México, Librería Carlos Cesarman, SA
Av. Cuauhtémoc 1430
Col. Santa Cruz Atoyac
México DF 03310
Tel. 5605 7677
Fax 5605 7600
www.editorialpax.com

Primera edición
ISBN 978-607-7723-96-7
Reservados todos los derechos
Impreso en México / Printed in Mexico

Queremos agradecer a las doctoras Vanessa Nahoul Serio, Jael Alatriste García y María de los Ángeles Núñez López, quienes contribuyeron en el proceso de compilación para dar forma al presente libro.

Índice

Presentación

En marzo del año 2007 el Instituto de Investigación en Psicología Clínica y Social me convidó para presentar una conferencia en el contexto del Coloquio Internacional "Estudio Psicoanalítico de los Cuentos y los Sueños".

Aquella conferencia se titulaba "Psicoanálisis aplicado: los niños y sus cuentos". Cuando preparaba el material constaté, para mi sorpresa, que a pesar de ser un tema importantísimo para entender el psiquismo de los niños había muy poco material científico publicado sobre la materia.

Durante dicho coloquio y en las reuniones posteriores con los colegas del Instituto de Investigación en Psicología Clínica y Social me sorprendió el excelente nivel de las conferencias que allí tuve el gusto de escuchar y les propuse a los colegas que no dejaran de plasmar todo ese riquísimo material en una publicación.

Años después recibí del Instituto el libro ya listo para su publicación, al que devoré como un niño ávido que espera la próxima entrega de su novela preferida.

Leyendo estos excelentes artículos, pude viajar de la mano de sus autores por toda la fantasmática que pueblan los cuentos, mitos y leyendas; desde Zeus hasta Superman, pasando por todos y cada uno de los personajes que tantas y tantas veces hemos escuchado en las consultas de los niños de todas las edades que, muchas veces, nos traen sus conflictos a través de los reflejos que de ellos encuentran en los relatos que les son contados.

Cada uno de los autores de este compendio eligió un tema concreto que puebla la psicopatología de la vida cotidiana de nuestros niños y buscó relacionarlos con los cuentos que con tanta precisión describen dichos conflictos. Hay aquí entonces, un excelente trabajo de ensamblaje entre lo que cuentan los cuentos y lo que le sucede a los niños con diferentes patologías o en diferentes momentos de su desarrollo evolutivo.

Desde la necesidad de saber sobre los orígenes, hasta la constatación de la castración; de los diferentes duelos que habitan los estadios de la infancia, hasta las fantasías más sádicas que acompañan el crecimiento. La integración de los significantes primordiales que ayudarán a la constitución de esos psiquismos en formación, el bien, el mal, lo prohibido, lo peligroso, lo tentador. El elaborado trabajo que va de la sexualidad polimorfa a los primeros amores adolescentes, la aparición del erotismo, la división del ser.

Todo esto que se nombra es lo que se va evocando en estos textos con la ventaja añadida de poder comprender como todos estos temas pueden ser trabajados en las sesiones psicoterapéuticas con nuestros pacientes; siguiendo la idea del cuento y del mito: un texto que no está fijo, inalterable, sino que se mueve y modifica con cada lectura, con cada vez que se retoma el relato.

Los cuentos y el análisis

Todo análisis, a cualquier edad, es un proceso de historificación. Es un relato sobre la vida de nuestros pacientes que se va reescribiendo permanentemente.

El niño y sus padres nos aportan un relato, una historia y hasta una prehistoria sobre sus vidas y ese síntoma que ha acercado al niño a nuestra consulta.

La labor del terapeuta es escuchar esa historia y en ese trabajo de escucha ir re-escribiendo la historia, permitiendo que nuestros pacientes puedan ser dueños de una historia y un deseo que le sean propios, por lo tanto, que los puedan entender, simbolizar y metabolizar.

El relato en el análisis es fundamental, y en todo análisis vemos que ese relato necesita ser contado varias veces, como los cuentos, y que cada vez que es re-contado, se reescribe, se van incorporando trocitos de historia que habían quedado atrapados en forma de síntomas. En forma de patologías que no hacen más que inmovilizar al paciente en su estructura.

El niño nos dice: "Cuéntame un cuento!" , el terapeuta le dice a su paciente "Cuénteme su vida", "Cuéntame que te pasa", "Cuéntame…", y el paciente comienza su relato desde donde sus resistencias y represiones se lo permiten.

Muchas veces el niño puede contar lo maravilloso que es Harry Potter hasta que puede ver con su terapeuta que el gran mago de los millones de libros vendidos está abandonado en un orfanato y que no deja de apelar a sus poderes mágicos para no pensar en lo sólo y triste que se siente a veces, y de allí se puede hablar de la tristeza de no tener todo lo que se desea hasta lo importante que es aceptar no tener la varita mágica, el gran significante fálico de la omnipotencia infantil.

¿Esto quiere decir que Harry Potter es "malo" para nuestros latentes, púberes y adolescentes? ¡No! Todo lo contrario, esto vuelve a querer decir lo que todos los colegas afirman en estos trabajos: que su éxito radica en que presenta y representa varias fantasías universales típicas de la infancia y que su lectura proporciona el placer de constatar cómo cada una de esas constantes vitales en la vida de todos se comparten mediante el único instrumento que nos hace humanos: el lenguaje.

El relato, la puesta en palabras de los conflictos, fantasmas, deseos y pulsiones permite el único camino conocido hasta el momento para su comprensión: la simbolización.

Los psicoanalistas de lo transicional, ubicamos el cuento (al igual que el sueño) dentro del espacio transicional, cumpliendo sus mismas funciones: viene de fuera, pero para que el niño lo haga precisamente suyo necesita creer que viene de dentro para finalmente quedarse en ese territorio intermedio, el territorio de la cultura, el lugar donde se cruzan los deseos de los otros con los deseos propios de los niños en crecimiento.

Así como el objeto transicional no es un objeto contingente en su función, sino una necesidad estructural, también los relatos y los cuentos cumplen una función estructuradora.

La insistencia en la repetición del cuento es también expresión de la necesidad de disponer durante más tiempo (el necesario) de ese espacio donde la ambigüedad entre fantasía y realidad da cuenta de las creencias que hablan de un tiempo de simbolización en acto de producción.

Allí es donde se vuelve imprescindible la actitud de los padres, porque el pedido de reiteración "¡cuéntalo otra vez!", aceptado placenteramente, también contiene la reiteración del don, de la entrega amorosa, en la tolerancia para lo enigmático del niño que lo impulsa en la insistencia de una demanda.

Tal vez tan importante como el cuento sea el hecho de que los padres participan allí de un modo esencial, ayudan a crear los objetos, ilusiones, relatando fantasías. También autorizan entonces esos sueños o deseos allí convocados. Poniéndose en escena participan de una función simbólica que historiza el tiempo.

De historias y deseos también surgen los mitos, y sabemos que en ellos siempre encontraremos algo que nos pertenece.

Freud opinaba que las artes no nacen para agradar, sino para conjurar. El cuento nos conduce de la mano a su objeto, que es el sujeto en plena estructuración: el niño.

En estos tiempos donde se vuelve intensa la vivencia de incertidumbre por la identidad, en medio de crisis de valores, derrumbes ideológicos y significativos movimientos en el seno de la familia, que alteran los roles y borran las diferencias, el ser humano reitera con empecinada insistencia sus preguntas, sus enigmas. Necesita reencontrar lo que sabe o no sabe de su identidad a través de la curiosidad del otro. La vigencia del cuento infantil no decrece, tal vez recrea sus contenidos y formatos acompañando los cambios socioculturales.

El ámbito del cuento está poblado de una realidad psíquica que necesita desmentir los límites: la ausencia, la muerte o las diferencias: Es el ámbito de las creencias y de la ilusión. Allí la función parental debe habilitar un permanente interjuego de presencia-ausencia, de ilusión-desilusión, espacio-tiempo imprescindible donde transcurren hechos de estructuración psíquica.

El cuento como el juego, es un presentador: allí se engendran, se inducen sentidos nuevos-viejos, produciéndose movimientos de fantasías desiderativas.

Mediante el relato del cuento se articulan en el niño los efectos promovidos tanto por los libretos como por los enigmas y oscuridades de su historia, y se promueven así nuevos encadenados representacionales.

El cuento infantil permite una manipulación del objeto sostenido por símbolos. El niño reclama el relato una y otra vez, siempre igual, esperando cada secuencia y renovando sus comentarios y preguntas. Esta insistencia en la repetición testimonia la necesidad de lo igual para poder pensar lo diferente. Está en juego la ilusión narcisista de permanencia, de constancia, que necesita ser desplegada o sostenida por la función materna y paterna, para poder dar lugar a los juegos de presencia –ausencia y, por ende, a la habilitación fantasmática que significa la pérdida para que haya símbolo. Se necesita la ilusión de constancia, pues allí se ubica el deseo de los padres: que el niño viva, sea, exista.

La infancia es un camino señalizado por la reiteración de pérdidas y adquisiciones, se pierden los brazos que sostienen porque se aprende a caminar, a partir de aquí, todo se va perdiendo para adquirir algo nuevo. Se pierden las creencias a favor de los descubrimientos que encierran imprescindibles frustraciones que conducen a la elaboración de los límites. A la castración simbólica.

Tiempo de las creencias y de la ilusión donde la magia vela y desvela lo patético de la indefensión. El niño pequeño necesita desmentir por un tiempo la castración o la muerte, necesita refugiarse en su omnipotencia para luego salir de ella. Las creencias se organizan como lo dijo Freud, como teorías sexuales infantiles, sin límites ni diferencias.

La simbolización implica disponer de una ausencia y no necesitar cubrirla con un objeto.

Cuando se puede renunciar a los objetos aparecen en su lugar los ideales. Con los cuentos infantiles se produce un verdadero entrenamiento de simbolización: Comienzan siempre con una ruptura de un orden establecido: "Había una vez…"

En los cuentos la muerte queda encarnada en los personajes imaginarios con lo cual se favorece la representación de una ausencia: Cenicienta, Blancanieves, (como lo señalan los artículos respectivos) comienzan sus historias con una madre muerta que quedará siempre fuera del relato.

Importa entonces lo que se hace presente de muerte, de límites o daños. Porque la estructura edípica que subyace a todo momento de representación, de simbolización inconsciente, se juega entre deseos y defensas: deseos incestuosos y su represión.

Todo esto nos habla de la necesidad de una buena investidura narcisista que habilite cortes y separaciones. De lo contrario se mantiene la vida eterna como verdad: Peter Pan y el país de nunca jamás.

Así como la muerte aparece de un modo u otro relatada en los cuentos, otras pulsiones parciales se repiten en los cuentos con la misma finalidad: darle al niño la posibilidad de representar y simbolizar fantasías primitivas muy reprimidas. En su artículo "El mito del niño asado" (1950), la psicoanalista Marie Langer nos desvela las semejanzas de varios cuentos relacionadas con pulsiones orales hostiles, o sádico-orales, relacionadas con tempranas frustraciones orales.

El niño que de un modo u otro es comido por sus padres aparece ya en la mitología: Tántalo sirvió a los Dioses, para probar su divinidad, los miembros del cuerpo de su propio hijo Pélope. Sólo su esposa Ceres, la diosa de la fertilidad, absorbida por el dolor de la pérdida de su hijo, comió de este terrible manjar: Júpiter (Zeus) le devolvió la vida a Pélope poniéndole un hombro de marfil para remplazar el que se había comido su madre... Situaciones similares se dan en los cuentos de hadas: en Blancanieves, la madrastra se come el corazón que le trae el cazador pensando que es el corazón de su envidiada hijastra, también Blancanieves cae desmayada después de comer la manzana envenenada que le ofrece su madrastra, es decir, es castigada por su glotonería ("por haber deseado comer el pecho de su madre hostil"*); en Hansel y Gretel es la bruja la que pretende comerse a Hansel, pero también los niños son expulsados de la casa por su voracidad, ya no es posible alimentarlos y la bruja los sorprende y castiga cuando descubre a los niños comiendo partes de su casa (también la casa constituye un símbolo materno muy conocido.)

No sólo en los cuentos de Occidente aparece en los mitos y cuentos la agresión oral ligada a la maternidad: según un mito de las Islas Marquesas las mujeres pierden sus embarazos porque sus fetos son devorados por espíritus de mujeres salvajes: las Vehini-hai; otra vez aparece la mujer mala que come a los niños.

Se podría pensar desde aquí, y desde otros contenidos de pulsiones parciales, el enorme éxito de series televisivas que funcionan como los mitos o cuentos actuales: en la isla de "Lost" también las embarazadas pierden a sus hijos.

Es necesario aquí abrir un paréntesis para hablar de los materiales que los niños utilizan para construir sus sueños, sus cuentos, sus historias: todos son restos mnémicos provenientes de los programas infantiles, la televisión, ese gran monstruo imaginario que consumen los niños de nuestras sociedades avanzadas y que les proveen de un riquísimo material fantasmático donde abundan seres malísimos con intenciones igualmente malas y héroes que salvan a la Tierra y a otros mundos de las supuestas maldades; por supuesto, también son abundantes los diversos vehículos que nos dicen mucho sobre los anhelos de sus imaginativos inventores tendientes a anular el paso del tiempo y las distancias. Algunos especialistas en infancia aseguran que este material es altamente nocivo para los niños; lo que queremos destacar es que los niños utilizan

---

* Langer, M. (1950). El mito del niño asado. *Revista de Psicoanálisis*. Vol VII, núm 3, p. 61.

actualmente la televisión por ser el medio de comunicación más utilizado. Sin embargo, antes de su extensión estaban, y por suerte aún están, los cuentos infantiles, magníficos aportes al imaginario de los niños de todas las épocas, prolíficos también en brujas y malvados, robos, secuestros, canibalismo y sueños eternos, junto con héroes que terminan salvando situaciones extremas y finales con bodas felices. Los programas infantiles, como los cuentos tradicionales, garantizan su éxito entre los niños por prestarles un perfecto escenario donde proyectar los fantasmas más comunes de su novela familiar; en psicoanálisis utilizamos estos materiales cuando los traen los niños, permitiéndoles, de algún modo, escribir su propia historia.

En esa misma línea, la serie que tanto éxito ha tenido, "Lost", mantuvo durante sus seis temporadas la idea de un bien y un mal representados a través de dos personajes que, desde el comienzo, eran hermanos. ¿No hay aquí una extraordinaria similitud entre Tezcatlipoca y Quetzalcóatl en vuestra cultura?

La retaliación y la pulsión oral canibalística darían cuenta de estas escenas. No hay cuento popular que en un momento u otro no aparezca una escena de alta carga oral: el lobo se come a la abuela de Caperucita, quien a su vez le está llevando comida; Pulgarcito es comido por un buey o una vaca en su camino de regreso a casa y, de hecho, el primer encargo que le hace su madre es ir a buscar comida. Ricitos de oro es descubierta durmiendo la siesta después de haberse comido la comida de sus hospitalarios osos, Pinocho es tragado por la ballena y, así, un largo etcétera.

El niño toma el cuento para poner en juego sus propios fantasmas, del mismo modo que utiliza el juguete para poner en escena sus creaciones fantasmáticas, por eso es importante entender el cuento como objeto transicional estructurante.

Es desde esa misión transicional y estructurante a la vez donde el psicoanálisis al intentar hacer un análisis profundo de los cuentos, descubre entre sus personajes, aventuras y desventuras, entre los protagonistas ausentes y las peripecias de los personajes centrales, grandes cargas, dosis ideológicas, que se enraizaran en el sistema psíquico del niño, formando parte de su super-yo, o de relaciones intersistémicas más complicadas. Al ser una fuente de estructuración, es como una fuente de ideas.

Desde esta posición, los especialistas en niños llevamos años intentando denunciar los contenidos sexistas que la factoría Disney viene promoviendo desde sus versiones cinematográficas de los grandes cuentos clásicos.

Concientes del poder de penetración en el tejido simbólico de los niños espectadores, los recreadores de dibujos animados no ignoran algunos mensajes que quieren dejar claros: Disney comienza en 1937 con la primera película de Blancanieves. Allí ya queda claro que la protagonista hace las tareas del hogar mientras los enanos trabajan en diversos oficios. Cenicienta también limpia y todas las heroínas de los cuentos, una vez revisitados por los americanos, son bellas jóvenes que al fin de cuentas salvan sus vidas sí y sólo si, un apuesto príncipe las rescata y les jura amor eterno.

Una de las maneras más sencillas de transmitir ideologías es a través de los cuentos, todos los artículos aquí publicados dan cuenta de ello. Estamos hablando en definitiva de la estructuración del superyo del niño que se nutre de las historias que recibe de los adultos que las custodian: custodian las historias, custodian sus funciones de transmisión de una cultura y, sin saberlo, custodian una ideología que está latente en cada una de esas historias.

Conceptos tan cuestionados actualmente como la importancia de la belleza o el papel de la mujer en la familia permanecen reflejados en los cuentos. Así, Blancanieves no podrá enamorarse de un enano trabajador del campo, tiene que esperar a su apuesto príncipe; el patito feo al final no es feo, es un hermoso cisne; una vez que alcanza su condición de cisne es respetado, y así se cumple la ecuación: belleza = respeto (aceptación). Hasta en la Bella y la Bestia donde se supone que la belleza está en el interior, el final nos proporciona un guapísimo príncipe en lugar de la Bestia.

Lo horroroso se transforma en hermoso: lo feo, lo diferente, se transforma en guapo, hermoso, socialmente triunfador. Esta es la moraleja de algunos cuentos, y sobre esta moraleja trabajamos con los pacientes que arrastran ciertos problemas de rechazo dentro y fuera de sus familias. "Yo no soy el hijo que ellos deseaban": este es el "había una vez" con el que comienzan muchos psicoanálisis de niños.

Los cuentos cortos tienen su correlato en pequeños cuentos, los dibujos animados, que desde Mickey y Donald y todos sus amigos les muestran a niños de varias generaciones que la paternidad no existe (hay sobrinos, no hijos) y por lo tanto no existe la sexualidad. Y de paso algunas constantes de la cultura americana se repiten incansablemente. Más allá del análisis sociológico que se puede hacer de estas situaciones, si retomamos el análisis más profundo, volvemos a encontrar la negación de la sexualidad en los padres o en sus figuras sustitutas, como una clara representación del mundo mental infantil.

Dada esta presunta "caducidad" o falta de criterios pedagógicos más acordes con nuestros tiempos de los cuentos tradicionales, encontramos hoy en las librerías nuevas propuestas y formatos que pretenden poner al día el mundo del llamado "cuento infantil".

Hay dos grandes líneas en este sentido: el álbum ilustrado y lo que podríamos llamar "cuentos de valores".

El álbum ilustrado da mayor importancia a la imagen que a la palabra, utilizando mayormente ilustraciones originales con una personalidad muy marcada (dependiendo de cada editor y también de cada autor). En algunos casos ni siquiera hay una sola palabra, y todo el mensaje es transmitido de forma visual. Estas historias suelen tener un carácter progresista e integrador, favoreciendo valores como la tolerancia, la generosidad o la libre manifestación de los sentimientos más elementales. Por otra parte, el tema más importante sobre el cual cabría reflexionar es si este tipo de historias son realmente atractivas para los niños o si son más bien "cuentos simples para adultos". Los argumentos de estos cuentos pueden ser tan simples como que una oveja se esquile a sí misma para tejer un jersey y regalárselo a su amiga la jirafa, o un amigo que le regala un pedazo de ropa a otro y juntos descubren las muchas cosas que pueden hacer con la tela. Son cuentos, pues, en los que no hay un elemento de acción destacado. Los mensajes se transmiten de un modo mucho más sutil y que deja abiertas las interpretaciones.

Los "cuentos de valores" son en algunas ocasiones también álbumes ilustrados, pero con un contenido que busca claramente el mensaje constructivo reformador. Hoy en día estos mensajes son casi siempre la integración racial, la igualdad de sexos y la normalización de conflictos socio-familiares como puedan ser la muerte, el divorcio, la homosexualidad o la propia urbanidad en toda su amplitud.

Allí donde el álbum ilustrado dejaba un espacio para la libre interpretación y la imaginación, este otro tipo de cuentos es algo más dogmático (en el buen sentido de la palabra) ya que desde el principio establece una separación entre lo bueno y lo malo. La única diferencia con los cuentos tradicionales de toda la vida, es que aquí hay que romper algunos prejuicios para alcanzar el verdadero juicio de valor que nos permitirá construir una sociedad más justa y sensata; en definitiva, mejor.

Este tipo de libros suelen utilizarse para los casos concretos en los que un niño se ve afectado por un determinado conflicto, y es pues, previsible que el niño se sienta identificado con la historia y que pueda expresar a través de ella su propia vivencia.

En cambio, en el caso de los álbumes ilustrados parece más difícil que los niños puedan desarrollar empatías con las historias, pues ya hemos dicho que, a pesar de la aparente simplicidad del formato o del propio argumento, la construcción del mensaje resulta mucho más compleja de lo que un niño pueda asimilar. Obviamente no hace falta aclarar que cada historia es distinta y que estamos generalizando con base en las percepciones resultantes de haber estado en contacto con este tipo de libros. No hay que olvidar que los álbumes ilustrados gozan de un enorme prestigio dentro del mundo editorial y también entre los consumidores más cualificados.

El mensaje, lo que se quiere transmitir será, nuevamente, responsabilidad del adulto que está en un intercambio transicional con el niño.

En muchos casos concretos, siempre dependiendo del trauma que le haya tenido que tocar vivir al niño, se recomienda que los padres y también los terapeutas, puedan crear historias, cuentos, relatos, sobre la situación traumática a elaborar.

De este modo, los colegas que trabajan en psicoprofilaxis quirúrgica no dejan de utilizar cuentos y juegos sobre operaciones, lo mismo podemos decir sobre otros traumas posibles: muertes, separaciones, duelos… situaciones que sólo a través de un proceso que requiere tiempo y palabras podrán ser superadas por nuestros pacientes.

Los cuentos, utilizados en el análisis de niños, nos van a demostrar su utilidad por la riqueza de matices inconscientes que en cada cuento, cada niño encontrará o intentará encontrar una parte de su historia.

Todo niño tiene una historia que le es absolutamente propia, muchas veces surgen problemas en la vida de los niños cuando determinados aspectos de esa historia no han podido ser procesados; desde el psicoanálisis sostenemos que este procesamiento se da en permanente intercambio con los otros a partir de complejos sistemas de identificaciones que terminan por moldear una estructura que es específica del niño.

Cuando a partir de una demanda de tratamiento podemos acceder junto con el niño a investigar esos procesos de elaboración de su propia historia, lo que estamos proponiendo es una re-escritura de los mismos, nuevamente en relación con otro, esta vez el analista. Creemos que este trabajo terapéutico tendrá un correlato onírico o un correlato en forma de cuento, mito o historia: los sueños y los cuentos durante el tratamiento son instrumentos muy eficaces para corroborar los cambios psíquicos que se producen en nuestros pacientes.

Mensaje para los autores

Cuando se estudia una materia tan diversa y compleja como es el psicoanálisis, sus escuelas, sus vertientes, sus diferentes lecturas, se entra en una especie de laberinto interminable. Se escojan los caminos que se escojan para recorrer los temas que interesan, se abrirán más y más caminos a recorrer, cada cuál más fructífero pero cada vez más complejo.

La cuestión es cómo se transita ese camino interminable. En muchos casos, cuando los temas que tratamos son suficientemente complejos, un mecanismo de defensa al que se suele recurrir es la idealización: se toma un recorrido teórico como dogma, se lo idealiza y se repiten sus ideas como un aparato doctrinario. Entonces parece que quien está haciendo ese recorrido lo hace con un paso falsamente seguro.

Siempre dependerá de cómo se comience a transitar por ese camino, y de las formas que el investigador se enfrente con su objeto de estudio.

Vosotros estáis en el otro lado: abiertos a escuchar todas las variantes posibles sobre el tema e introyectar e incorporar aquellos conceptos y nociones teóricas que os sirvan para moveros por este pantanoso terreno que es la clínica psicoanalítica.

Habéis demostrado esta postura por la forma en que habéis integrado, introyectado y apropiado los conceptos que habéis trabajado con diferentes pensadores de nuestro campo.

Cada uno de los artículos que conforman este libro podría ser un prólogo a un tema profundamente interesante: son el anuncio de profundizaciones mayores que todos los lectores esperamos que se produzcan. Sin dejar de ser una interesante visión sobre el tema, cada artículo lleva el germen de lo que podría ser un nuevo libro: eso es lo que lo hace interesante.

Mensaje para los lectores

Muchas personas leen en la cama para conciliar el sueño; algunos leen el periódico, otros, revistas, y otros más, interesantes novelas o cuentos. Este hábito tan generalizado es el resabio que ha quedado de aquel momento transicional en que el mundo le era presentado al sujeto por los cuentos y/o las canciones que sus progenitores les contaban. Luego, siguiendo ese peculiar funcionamiento del psiquismo humano, aquellas ideas que nos traían los cuentos con sus princesas y sus dragones, formaron parte de nuestro patrimonio de huellas psíquicas: nos ayudaron a hacernos y a pensarnos. A entender el mundo y a relacionarnos con él.

Las cosas no cambian sustancialmente con la edad en este sentido: aquellos que siguen atrapados en su lectura nocturna toman de sus lecturas interesantes materiales para fabricar sus sueños y para seguir comprendiendo el mundo, que a veces se hace tan difícil de aprehender.

El interesante y profundo análisis que en este compendio se hace sobre los cuentos infantiles será muy útil para todos aquellos que quieran saber y entender el magnífico mundo de la infancia; aquel que el psicoanálisis se ha ocupado en destronar del mundo feliz de los cuentos de hadas para ubicarlo en el difícil proceso que va de la dependencia a la independencia.

Todos los que nos ocupamos de trabajar con niños sabemos de lo difícil que resulta la infancia, pero también sabemos de lo que puede favorecerse gracias a la fantasía que los cuentos aportan.

Para aquellos que trabajan con niños este libro será un imprescindible objeto de trabajo.

Para todos los que quieran saber más sobre la infancia este libro les abrirá puertas y caminos.

Para los que quieran saber si la abuela de caperucita roja murió o no murió al ser devorada por el lobo y si caperucita fue o no instigadora de ese acto caníbal, este libro les abrirá el apetito: ...de saber más.

Joseph Knobel Freud

Relación padre hijo:
los mitos de Zeus y Perseo

José de Jesús González Núñez

En la actualidad la salud mental se ve muy comprometida por factores como el robo, el secuestro, el asalto, la drogadicción, la perversión, la depresión, el narcisismo y otros muchos malestares individuales y sociales. Muchos de esos problemas tienen su origen en las relaciones familiares en especial originados en la relación con la madre y con el padre. En especial sabemos que muchas de ellas son originadas por una mala relación con el padre y sabemos también que muchas de estas problemáticas, no todas, no se darían o serían menos intensas si promovemos una adecuada relación entre padre e hijo. Y así como hablamos en la actualidad de relación padre-hijo tenemos que hablar del padre del padre, o sea, del abuelo del niño. Es común afirmar que en el funcionamiento de la personalidad existe un niño que puede ser juguetón, travieso, cariñoso o agresivo y tirano, también existe un adulto que en términos generales funciona de acuerdo a la realidad bio-psico-social e interpersonal del sujeto y junto con ese niño y ese adulto existe en ese mundo interno un anciano arcaico, ancestral, que habita en lo más profundo del inconsciente pero que se hace presente en la vida a través de cuentos, mitos, leyendas y sueños.

La formación de la personalidad

La personalidad es esa forma de ser, de sentir, de pensar y de actuar que caracterizan, que le dan un estilo de vida y un sistema exclusivo de motivaciones del individuo.

Existen tres grandes factores que contribuyen a la formación de la personalidad, estos tres grandes factores, si se desea, se pueden desglosar en muchos más: 1. factores constitucionales, 2. factores adquiridos durante el desarrollo y 3. factores adquiridos del medio ambiente.

Los factores constitucionales

a. Biológicos: son aquéllas características de la personalidad que ya existen al nacer y que son el sustrato sobre el cual se construye el resto de la personalidad. Este primer factor constitucional está formado por la herencia biológica: estatura, complexión, color de pelo, color de ojos, en algunos una habilidad física determinada. Estas características pueden determinar el futuro de una persona en formación. En este apartado se incluyen algunas enfermedades como la diabetes, por ejemplo, y algunas esquizofrenias. Así también, los aspectos congénitos como el estrabismo, el labio leporino, los pies torcidos. Cualquiera de estos defectos puede influir en la personalidad. Incluso el cociente intelectual, o sea, la capacidad de inteligencia que se tiene, ya se hereda, pues el sustrato anatómico de la inteligencia es el cerebro, así que el cociente intelectual ya está presente al nacer, así como la capacidad de memoria, aprendizaje y habilidad motora. Estos factores constitucionales son difíciles de cambiar, aunque se puede lograr ya sea modificando el careotipo o con la ejercitación de las funciones defectuosas a base de mucho esfuerzo, dedicación y mucha voluntad. Existen también elementos constitucionales de índole psicológica, éstos no incluidos en los genes pero sí en el inconsciente, ya sea personal (individual) o colectivo. El inconsciente individual es el lugar donde se encuentran todos aquellos contenidos reprimidos, incluyendo las pulsiones.

b. Factores constitucionales arquetípicos: en la mente hay residuos arcaicos que son una herencia de la humanidad, estas imágenes primordiales son los pensamientos más antiguos, universales y profundos. Esta herencia en una psique colectiva representa una cierta función mental que actúa fija y automáticamente (Jung, 1970).

El inconsciente colectivo no es de naturaleza individual sino universal, es decir, que en contraste con la psique individual tiene contenidos y modos de comportamiento que son los mismos en todas partes y en todos los individuos. En otras palabras es idéntico a sí mismo en todos los hombres y constituye así un fundamento psíquico de naturaleza su-prapersonal existente en todo hombre.

Sólo cabe hablar de un inconsciente cuando es posible verificar la existencia de contenidos del mismo y es posible verificarlos por medio de mitos, leyendas y sueños. Los contenidos inconscientes colectivos poseen contenidos arcaicos o, mejor dicho, primitivos o elementos culturales muy antiguos.

En las doctrinas tribales primitivas aparecen los arquetipos en una peculiar modificación. En verdad, aquí ya no son contenidos de lo inconsciente sino que se han transformado en fórmulas conscientes, que son transmitidas por la tradición, en general bajo la forma de la doctrina secreta, la cual es una expresión típica de la transmisión de contenidos colectivos originariamente procedentes de lo inconsciente.

En estadios más elevados de las doctrinas secretas, los arquetipos aparecen en una forma que por lo general muestra de manera inconfundible el influjo de la elaboración consciente que juzga y que valora. El arquetipo representa esencialmente un contenido inconsciente, que al concientizarse y ser percibido cambia con cada conciencia individual en que surge.

Se puede considerar la idea de que los mitos son ante todo manifestaciones psíquicas que reflejan la naturaleza de la personalidad. Poco le importa al primitivo una explicación objetiva de las cosas que percibe; tiene en cambio una imperiosa necesidad, o mejor dicho, su psique inconsciente tiene un impulso invencible que lo lleva a asimilar el acontecer psíquico en donde todas las experiencias sensoriales externas son un acontecer interno, esto es, que el mito vive en la psique del hombre.

Todos los procesos naturales son convertidos en mitos, son expresiones simbólicas del íntimo e inconsciente drama de la psique, cuya aprehensión se hace posible al proyectarlo, es decir, cuando aparece reflejado en los procesos naturales.

El hombre primitivo es de una subjetividad tan impresionante, que en realidad la primera presunción debería ser que existe una relación entre el mito y lo psíquico. Su conocimiento de la naturaleza es esencialmente el lenguaje y es el revestimiento exterior del proceso psíquico inconsciente. Precisamente el hecho de que ese proceso sea inconsciente es lo que hizo que para explicar el mito se pensara en cualquier otra cosa antes que lo psíquico, pues no se sabía que lo psíquico contiene todas las imágenes de las que han surgido los mitos y que nuestros inconscientes contienen sujetos actuantes y pacientes para su expresión, cuyo drama el hombre primitivo vuelve a encontrar en todos los grandes y pequeños procesos naturales.

La psique colectiva es en parte inconsciente, por ello Jung distingue un inconsciente personal e individual y un inconsciente "impersonal" o "colectivo". La mente humana no es algo aislado y absolutamente individual, sino también una función colectiva. Tiene ciertas funciones y tendencias, que a causa de su naturaleza colectiva, que pueden ser contrarias a las funciones mentales personales. Esto se debe al hecho de que todo ser humano nace con un cerebro diferenciado, que le da la posibilidad de alcanzar una rica función mental. Como los seres humanos están diferenciados de modo similar, las funciones mentales correspondientes son colectivas y universales. Esta circunstancia explica el hecho de que el inconsciente de pueblos y razas muy apartados, posea un notable número de puntos de coincidencia en cuanto a contenidos culturales, demostrando así que en realidad se trata de contenidos universales.

El inconsciente, considerado como el fondo histórico de la psique contiene, en forma concentrada, la sucesión completa de las huellas, engramas, que desde tiempo inmemorial han determinado la estructura psíquica tal como existe actualmente.

Pueden considerarse como huellas funcionales que representan las funciones más frecuentemente empleadas y siempre con extraordinaria similitud entre todas las razas. Es increíble, pero entre los contenidos del inconsciente aparecen rasgos y elementos animales como el tótem, junto a otros contenidos simbólicos que han acompañado al hombre en el camino de la vida.

El contenido de la psique es como un lente cóncavo-convexo que está formado de imágenes principalmente. La parte cóncava ve hacia el mundo interno y la parte convexa se dirige hacia el mundo exterior. Toda imagen psíquica tiene dos lados, uno dirigido hacia los demás, que refleja lo del exterior lo más fielmente posible y el otro, el subjetivo, dirigido hacia la vida interior.

Las imágenes primordiales son arquetipos, categorías universales. La imagen primordial o arquetípica es siempre colectiva, común a épocas o naciones enteras. Tiene el carácter de una ley natural. El arquetipo es una organización heredada de la energía psíquica. Los arquetipos son síntomas de preparación que al mismo tiempo son imágenes y emociones. Se heredan con la estructura del cerebro, del cual representan el aspecto psíquico. Siempre que no haya ideas presentes en la conciencia o cuando las ideas presentes son imposibles, el arquetipo comienza a funcionar.

El inconsciente colectivo contiene rumbos naturales del pensamiento, líneas de menor resistencia, tendencia a gravitar en nuestras ideas hacia formas primitivas de pensamiento. En los sueños, en los terrores nocturnos de los niños, en las alucinaciones de los locos e incluso durante la vigilia, cuando nos vemos sorprendidos por algo para lo cual no estábamos preparados, como por ejemplo un terremoto, nuestros conceptos científicos recientes acerca de los procesos naturales nos abandonan y pensamos o tenemos ideas vagas y primitivas de magia y de los espíritus, de las hadas y de las brujas, de los dragones y los diablos. Padre, madre, hijo, hembra, varón, generación, crecimiento y decadencia son hechos primitivos que han quedado tan impresos en el pensamiento de las razas, que constantemente aparecen como símbolos en el pensamiento de hoy. Gravitamos hacia ellos como hacia ideales fáciles e ilustrativos, y hablamos del nacimiento de una nación o de la decadencia de una institución sin darnos apenas cuenta de la figuración simbólica.

El estudio de la mitología y de las costumbres primitivas es valioso a la psicología analítica por la luz que arroja sobre el inconsciente, sobre todo, sobre el inconsciente colectivo.

Factores del desarrollo

Estos factores se presentan durante el crecimiento de la persona. Son de varias clases: tenemos en primer lugar los conocidos como libido o desarrollo psicosexual y agresión. Libido significa por definición energía psíquica. Podría ser comparada a la electricidad que fluye a través de un cable de alta tensión o se podría decir que es un poco parecida a la tasa del metabolismo basal o intercambio de energía corporal. La libido es una energía que subyace a los procesos psíquicos, y encuentra su expresión a través de las necesidades psicológicas. Conforme la vida va progresando, la libido se desplaza a diferentes regiones del cuerpo de tal manera que la actividad psicosexual se asienta sucesivamente en esas áreas. Se conocen según este punto de vista tres etapas del desarrollo: oral, anal y fálica (Freud, 1905/1981).

Siguiendo otra forma de desarrollo según la teoría de las relaciones de objeto, el desarrollo se puede dividir en una etapa autista, una etapa simbiótica y una etapa de separación-individuación (Mahler, 1977). Se observa a través del desarrollo que en un principio se tiene una gran relación con la madre, luego con el padre, luego con los hermanos para terminar involucrando a todas aquéllas personas que son importantes en la vida psicológica del sujeto, en especial abuelos y ya en la actualidad dado el aumento en la longevidad, los bisabuelos.

Estos personajes se catectizan, es decir, se cargan de energía en forma inconsciente ya sea con contenidos del inconsciente individual o con contenidos del inconsciente colectivo. Así es que desde que se nace, desde que se es niño, la conducta se ve influida por los ancestros.

Factores adquiridos del medio ambiente

Los factores adquiridos a través del medio ambiente son aquéllos que influyen sobre la relación padre-hijo en una forma directa. Por ejemplo, un choque automovilístico en el que ni el padre ni el hijo tuvieron la culpa y se produjo una pérdida del automóvil familiar. Esta pérdida influye en la relación padre-hijo en tal forma que uno culpa al otro del choque y a pesar de que los dos son inocentes y desean comprar un nuevo coche ninguno de los dos tiene el dinero para hacerlo pero ya la relación entre ambos no se pudo conciliar y quedaron distantes durante mucho tiempo.

Pueden existir otros factores ambientales que determinan la cercanía, el conflicto o el alejamiento entre padres e hijos. Estos pueden ser de índole social relacionados con la familia de la madre, relacionados con la familia del padre, factores religiosos, factores estéticos y de cualquier otra índole.

Los mitos como patrones arquetípicos

Los arquetipos son patrones repetitivos del inconsciente colectivo y por tanto son intemporales. Los arquetipos se reconocen por sus comportamientos externos, especialmente los que se agrupan alrededor de las experiencias básicas y universales de la vida, como son el nacimiento, la maternidad, la paternidad, el matrimonio, la muerte y la separación.

Funciones de los mitos

Para Malinowski (citado por Elíade, 1999) el mito desempeña una función indispensable ya que son una realidad viviente a la que se recurre porque:

- ✓ Expresa, realza y codifica las creencias, la religión primitiva y la sabiduría práctica.
- ✓ Salvaguarda los principios morales y los impone.
- ✓ Garantiza la eficacia de las ceremonias rituales.
- ✓ Ofrece reglas prácticas para el uso del hombre (Elíade, 1999).
- ✓ Nos confieren nuestro sentido de identidad personal al responder a la pregunta: ¿Quién soy yo?
- ✓ Hacen posible nuestro sentido de comunidad. Ejemplifica el importante vínculo existente entre el interés social, el patriotismo y otras actitudes enraizadas hacia la propia sociedad o nación.
- ✓ Afianza nuestros valores morales.
- ✓ La mitología constituye una forma de enfrentarnos al inescrutable misterio de la creación (May, 1992).

Los mitos pueden ser una extensión, una forma de poner en práctica nuevas estructuras vitales o un intento desesperado de reconstruir el propio modo de vida, ya que los mitos "comparten nuestra soledad" (Green, en May, 1992, p. 22).

El mito del padre

Los mitos nos dan noticia de muchas protoimágenes y protofantasías, tanto del lado positivo como del lado negativo tomando como protofantasías, aquel origen lejano, primero, y evolutivo, de lo que en la realidad de su vida cotidiana la persona vive. Los mitos dan noticia de la figura arquetípica deseada y temida del padre.

A través de la mitología griega y tomando como ejemplo el mito de Zeus, encontramos la manifestación protofantasmática del Padre, en el sentido de lo que es, de lo que debiera ser y de lo que no debiera ser, apoyándonos tanto en el lenguaje simbólico, no articulado y preverbal. Y así como la música está compuesta de sonidos y silencios, las intenciones arcaicas y cotidianas de los padres también se expresan en sonidos, palabras y silencios.

En el crisol de los ancestros

Un objeto transgeneracional es un ancestro, un abuelo (antepasado) u otro pariente directo o no de generaciones anteriores, susceptible de suscitar fantasmas y de provocar identificaciones en alguno o en varios miembros de la familia.

Para muchos de nuestros ancestros emocionalmente importantes para el sujeto, generalmente conllevan una política de secretos y de silencios, de gran fidelidad hacia uno de los parientes, pues se le ha querido, por vergüenza en muchos casos, mantener al (a los) niño (s) apartado (s) de toda referencia a esta persona importante. Está inscrito en el aparato psíquico a través de representaciones de palabras o de cosas referidas a traumas dolorosos y/o moralmente reprobables o aceptables. A veces su condición es la de un vacío de representación o una proto-representación de algo incapaz de manifestarse con la palabra o con el pensamiento. Estas representaciones están relacionadas con la persona, a veces pueden referirse a dos o más de ellos. Detrás de cada una de ellas existe un entorno ideológico, es decir, leyendas mitificadas de carácter alegórico.

En los encuentros amorosos, estas representaciones transgeneracio-nales organizan la elección sexual de los padres.

Asimismo, son proyectadas en el contexto de las relaciones incons-cientes y cada miembro de la familia se dirige al otro según el perfil psicológico del ancestro y de las relaciones en cuestión.

Toda familia tiene una imagen mítica de una familia ideal, la que les une con tal o cual rama del árbol genealógico. A veces la referencia a la genealogía del padre o de la madre crea conflictos de pertenencia entre ellos, en los que cada uno pretende seguir siendo fiel a su propia familia. Esto puede dar como resultado una familia dividida.

La referencia a la genealogía será vivida como una carga pesada, la interfantasmagorización está dominada por el fantasma del autoengen-dramiento.

En los casos funcionales normales, la genealogía propone el núcleo de la pertenencia, a veces una jerga o un lenguaje típico y una serie de mitos alegóricos son una fuerza de cohesión grupal. La negación de la filiación a un ancestro conlleva una vivencia potencialmente psicótica.

Los objetos transgeneracionales

Primera generación: Las representaciones de objetos benevolentes reclaman la fidelidad edípica y son característicos de aquellas personas cuya libido ha quedado fijada en la fase fálica: el padre o la madre del sujeto ha dado la forma a las identificaciones del sujeto o las ha facilitado para recuperar sus amores edípicos. Pese a que el sujeto conoce el apego que su padre o su madre siente hacia su abuelo o abuela, el trabajo de la represión y de la contrainvestidura precisa necesariamente de una elaboración analítica consecuente.

Segunda generación: Las representaciones de objetos transgeneracionales idealizados, masivos, imponentes, magnificados exigen compensaciones y crean compromisos de deuda, provocando sentimientos de identidad individual y familiar que se ven sacudidos violentamente. Cuando estas representaciones llevan a la pérdida de este ser idealizado, a propósito del cual se prolonga durante mucho tiempo un trabajo de duelo, esta pérdida se vive de forma muy penosa, pues ha sido seguida de un torpe intento de negación del duelo.

Uno de los cónyuges puede vivir de manera interminable ese duelo de un antepasado que no forma parte de su genealogía, mientras que el descendiente directo manifiesta una actitud de negación total del duelo. El sentimiento de culpa, la ambivalencia con respecto al objeto, la impresión de tener una deuda y la identificación narcisista con el objeto, son los puntos predominantes.

Tercera generación: Las representaciones de objetos fantasmas crean un hueco, que se traduce en sentimientos de vacío irrepresentable. Por ejemplo, un pariente allegado de otra generación que ha cometido un acto reprobable y ha sido guardado en secreto con vergüenza por parte de uno de los miembros de la familia.

Abraham (1984) emplea la metáfora de un alma que carece de energía propia, pero que persigue en silencio la obra de desunión de la pareja, de la familia o del grupo.

La circulación de la figura del fantasma sigue siendo una cuestión difícil de dilucidar. Quienes deberían mantenerse al margen del secreto se ven influidos por la pasión con la que los guardianes del secreto tratan de mantenerlo oculto. Se teme que la revelación del secreto reproduzca el acto traumático o que sea causa de otra desgracia.

No es suficiente con que una madre sea portadora de un fantasma. Es preciso que el padre sea portador además de otro fantasma o que esté unido a su esposa en una relación simbiótica complementaria o alternativa. La negación de la identidad o del origen crean las condiciones de algo inimaginable. Esto no implica necesariamente un secreto, es posible que se trate de algo no dicho acerca de un hecho, no necesariamente condenable, asimismo, puede tratarse de algo no dicho que forme parte de una estratagema perversa; o incluso que se trate de una persona que suscite un doloroso duelo más o menos vergonzoso (imagen devaluada y miserable).

En el caso del fantasma toda la energía disponible se utiliza para contrarrestar aquello que debería estar ya escindido o prescrito. La representación del fantasma se ha venido anidando en el psiquismo de los portadores, los cuales han formado una cadena transgeneracional en la que cada uno de los sujetos se ha identificado con uno de los individuos y se ha identificado con uno de sus progenitores, en concreto con aquél que ha reprimido a la persona significativa en su yo escindido. Se invistió lo investido por el otro, para identificarse posteriormente con él. Se trata de una identificación narcisista: se inviste primero el fantasma del otro y se internaliza y ya se vive como propio.

¿Cómo influyen los abuelos sobre el desarrollo del carácter de sus hijos?

Es el estado afectivo de los abuelos y educadores el que influye sobre los hijos. El padre y la madre dejan sobre la mente del niño el sello de su personalidad y cuanto más sensible es el niño, la impresión es más fuerte. Igual afirmación se puede hacer de los abuelos y bisabuelos si el niño los tiene. De esta forma las cosas que nunca se hablan en la familia se reflejan en el niño, la oculta discordia entre los padres, la preocupación secreta, los deseos reprimidos, todo ello produce en el niño un cierto estado afectivo con signos objetivos, que lenta pero seguramente de modo inconsciente, actúa sobre la mente del niño, ocasionando en ella las mismas condiciones y por tanto idénticas reacciones a los estímulos externos.

El niño imita el gesto y el gesto es expresión del estado afectivo que produce a su vez en el niño un sentimiento similar, cuando éste se acomoda al gesto. Y de esta forma abuelos y padres igualmente modelan la adaptación de sus hijos al mundo. Así es que el intercambio afectivo entre el niño y los adultos influye de forma determinante en su desarrollo.

Papel de los símbolos en la vida psíquica

El símbolo es la máquina psicológica que transforma la energía, igualmente la cultura proporciona una máquina mental, el símbolo es útil para transformar las energías pulsionales.

Sólo una pequeña parte de energía puede ser apartada de la corriente natural (biológica) y transformada en símbolo. Una parte mayor va a sostener el curso regular de la vida. La energía se distribuye entre las diversas funciones del organismo, de donde no puede ser retirada totalmente. La historia del hombre, de la cultura humana, ha demostrado que la humanidad posee un exceso de energía no requerida por las necesidades esenciales del organismo. Mediante el símbolo puede desviarse el exceso de la libido. Este exceso libidinal produce ciertos procesos psíquicos que se manifiestan y expresan mediante el símbolo. El símbolo es un análogo de la libido, una representación mental, un mito, un rito, una fantasía, una imagen del sueño, etcétera, en virtud de la cual el exceso libidinal halla una nueva forma y una nueva salida.

Durante muchos siglos la tendencia del desarrollo mental ha sido suprimir la formación del símbolo individual. En realidad por medio de instituciones, por medio de la razón, la psique ha sido disciplinada. En los casos de enfermos mentales la libido no se convierte en trabajo eficaz, sino que fluye en las fantasías sexuales arcaicas y en las actividades fantásticas. El símbolo no se concibe nunca conscientemente; se produce inconscientemente a la manera de las llamadas de intuición.

La madre arquetipo

La niñez ensaya recuerdos de la prehistoria y de la humanidad en general. El niño no es un individuo en el sentido de darse cuenta de la existencia como una personalidad única, diferenciada, permanece durante un tiempo como el apéndice psicológico de sus padres. Su madre no es aún para él una personalidad femenina y única, sino la madre, una entidad que nutre, da calor y protección. Es un arquetipo, una imagen compuesta de todas las madres existentes, el modelo de todas las influencias protectoras y guardianas del niño. La madre protectora está asociada también con la tierra que nos da alimento y calor, con la caverna, con la vaca y el rebaño. El símbolo de la madre, se refiere a un lugar de origen, lo que crea pasivamente, lo inconsciente, la vida natural e instintiva. Jung (1970) cree que un niño puede tener miedo de su madre sin causa racional de ello. En tal caso, la situación del miedo se dice que es arquetípica.

El arquetipo sólo es responsable de un pequeño grado de miedo, normal y definido, un aumento debe tener causas especiales. Este terror resulta del choque de las tendencias incestuosas.

Las posibles tendencias incestuosas del niño se explican mediante la psicología de los padres: una causa frecuente del aumento de los terrores infantiles es la especial propensión a los complejos por parte de los padres, una represión y descuido de ciertos problemas vitales. Todo lo que va a parar al inconsciente toma una forma más o menos arcaica. Un complejo es una idea coloreada de un afecto que tiene una influencia importante y duradera.

El padre arquetipo

El arquetipo del padre significa el poder, la autoridad, el soplo creador y todo lo que es móvil y dinámico en el mundo. La imagen del padre está asociada con ríos, vientos, tempestades, truenos y relámpagos, batallas, armas y animales enfurecidos.

La imagen primordial de la madre determina la relación con la mujer, la sociedad y el mundo tangible, el padre arquetipo determina nuestra relación con el hombre, el espíritu, la ley, el Estado y la naturaleza. Cuando la conciencia creciente es más capaz de comprensión, disminuye la importancia de la personalidad del padre. Pero en lugar del padre vienen la sociedad de los hombres y en lugar de la madre la familia y el clan; en lugar del padre aparece la imagen de Dios y en el de la madre el misterioso abismo de todo. Aunque Dios puede estar representado por la madre omnipotente, omnisapiente y cuidadora de hijos, así como Dios creó al hombre.

Al aumentar la comprensión del niño, las imágenes arquetípicas permanecen relacionadas al inconsciente. Pero en las fantasías, sueños, mitos, cuentos y leyendas, reaparecen.

En el lugar de los padres se coloca una participación mística con la vida del grupo. La masa humana vive dentro de los límites que le proporciona sustitutos convenientes. Inconscientemente se identifican con la tribu, la sociedad, la religión, la nación. Así en el hombre se establecen sus relaciones con el prójimo y están determinadas, inconscientemente, de acuerdo con la imagen paterna.

Las personas del mito se hacen presentes, uno se hace su contemporáneo. Así ocurrirá ahora que hablemos de Zeus, el padre mítico. Seremos sus contemporáneos. Esta posibilidad es debido a que ya no se vive en el tiempo cronológico sino en el tiempo primordial, cuando el acontecimiento de la paternidad y sus vicisitudes tuvo lugar. Es el tiempo sagrado en el que el padre como algo nuevo, fuerte y significativo se manifestó y se expresó plenamente por primera vez. Es el tiempo del eterno presente, en donde viven los seres inmortales, los dioses del Olimpo.

La vida cotidiana de los dioses

Los mitos tienen un contenido manifiesto y uno latente: como los sonidos y silencios en la música y en la conversación las palabras y los gestos.

El atributo principal y distintivo de los dioses es la inmortalidad. En la Ilíada, los hombres salen siempre al encuentro de la muerte. Para ellos, el día que cuenta es aquel en que posiblemente morirán. Por el contrario, los dioses viven su inmortalidad llena de inquietudes y en una sucesión de días semejantes. Lo cotidiano y ordinario es la dimensión de la vida de los dioses, en la cual la ausencia de la muerte descarta cualquier heroísmo, pues nada tienen que perder.

Sin embargo, en sus hazañas en el campo de batalla, los dioses olímpicos llegan a rozar la muerte como si de un peligro real se tratara. Los dioses, vulnerables, son heridos, sufren y recurren a cuidados médicos.

La preocupación excesiva por los hombres, cuya existencia es efímera, les da la experiencia de riesgo a los dioses. Las disputas entre héroes se vuelven importantes cuando un dios las convierte en un asunto personal. Zeus, por ejemplo, podía inquietarse y compadecerse por un rey humano como Agamemnón.

Giugla y Detienne (1991) especulan sobre las actividades de los dioses y los imaginan en un presente continuo, en un festín constante, en donde beben y comen. Los bienaventurados –dicen- viven en un tiempo de placer infinito, sujetos a una mesa que les procura una total satisfacción. Aristóteles, en cambio, los priva de una vida activa, salvo que ésta sea vivida con el pensamiento. Los dioses no son perezosos, dice Platón, están ocupados en servir al mundo. Los dioses no son perezosos, agrega Aristóteles, pero sólo pueden dedicarse a una vida contemplativa. Los autores agregan que los dioses son asiduos al banquete alegre, de convivencia, del simposio.

Zeus, el padre

En los primeros tiempos, Zeus fue un Dios implacable, vengativo, con poco amor por los hombres, pero a medida que el griego fue transformándose y superándose también sus dioses lo hicieron.

Desde el momento en que hay relato, hay dioses débiles, con un poder moderado, múltiple y relativo. La absoluta tiranía pertenece al pasado en el que el padre angustiado ante la idea de perder su cetro devoraba a sus hijos. Cronos, deseaba el poder para él solo, sin repartos ni relevos. Uno de sus hijos, Zeus, fue elegido por su madre Rea, y destronó al déspota. Zeus inauguró un tiempo de poder totalitario pero más real y manifiesto. Cronos, obsesionado exclusivamente con la idea de preservar su reinado, no hacía otra cosa que embarazar a su esposa y devorar a los descendientes. Zeus, por el contrario, necesita incluso que se valore su poder relativo y se ve a menudo obligado a imponerse por la astucia, en contra y a pesar de los demás, a quienes acepta y arrastra en su juego. Zeus es un dios lleno de energía y actividad y sus días desbordan vida y proyectos.

Zeus es el protector del hombre, el defensor de la verdad y de la palabra empeñada y llegó a ser venerado por todos los Dioses del pueblo griego.

En sus principios Zeus tenía una grandísima debilidad, las mujeres, no respetaba a ninguna que le gustara. No había subterfugio que no empleara ni triquiñuela que no usara para hacerlas suyas. Todo esto a sabiendas de los incontenibles celos de su esposa Hera, quien siempre descubría sus engaños y se cobraba crueles venganzas de las víctimas con quienes Zeus la había engañado (Esperón, 1984-1985a)

Zeus es el estratega de la historia. Él modela la duración y decide la distribución del tiempo de los hombres y de los dioses. La guerra de

Troya es un verdadero ejemplo de este poder providencial. Sin embargo, la realización de su proyecto, una vez en marcha, no está dirigida por la fuerza de un determinismo que sería el efecto ineluctable de la voluntad divina y, por consiguiente, de su absoluto poder de eficacia. El encadenamiento de los sucesos proyectados por Zeus se revela frágil; se ve continuamente vulnerado por el azar y la contingencia. Los planes de Zeus tropiezan a menudo con otros planes y otros deseos de los demás dioses y también de los hombres. Y Zeus no se impone necesariamente. Por el contrario, en cada ocasión, el resultado es aleatorio. Y a veces la voluntad de Zeus se cumple como por azar, gracias a una concurrencia de circunstancias.

Reflexionando, si Zeus era realmente todopoderoso, si sus proyectos tenían la fuerza del destino y su voluntad no encontraba ningún obstáculo, entonces, ¿qué serían los otros dioses? Se encontraría un tanto solo. Y además, cualquier asunto estaría hecho, consumado y terminado en un instante. Se sabría todo de antemano y ese todo sería casi nada. La historia de Zeus es el relato de una epopeya de deseos que se oponen, cobran vigor y se refuerzan.

Zeus seducía a ninfas o princesas provocando la ira y los celos de Hera quien cobraba venganza sobre las infidelidades de su marido castigando o perjudicando a las mujeres seducidas por su esposo. Zeus, aprovechaba los descuidos de Hera para proteger o restaurar el daño originalmente hecho por su esposa. El amor y la compasión movían a Zeus a proteger a las mujeres que fueron sus amantes, así como a los hijos que tenían de esa unión.

Zeus se convirtió también en lluvia de oro para hacerle el amor a la hija de Acrisio, rey de Argos, quien tenía encerrada a su hija Danae. Al saber que esperaba un hijo de Zeus, el rey metió a Danae y a su hijo en un cofre de madera que arrojó al mar, para deshacerse de ellos sin ser responsable directo de su muerte. El cofre dio tumbos toda la noche hasta que por la mañana sintió Danae cómo una ola levantaba el cofre suavemente y lo depositaba cuidadosamente en la tierra. Esta también fue obra de Zeus para salvarlos a ella y al hijo de ambos. De grande, el hijo, Perseo, llegó a ser uno de los héroes más queridos de la mitología a quien Zeus protegió también desde el Olimpo.

Perseo

Hijo de Zeus y de Dánae, hija de Acrisio y Aganipe. Abas, padre de los gemelos Preto y Acrisio, determinó que los dos compartieran el reino alternativamente. Pero éstos no lo cumplieron, sino que lucharon uno contra otro, desde el vientre materno. Creció la división y el odio cuando Preto sedujo a Dánae, hija de Acrisio.

Cuando Acrisio preguntó al oráculo cuándo tendría él un hijo varón, el oráculo le dijo que no lo tendría, que tendría un nieto y que lo iba a matar. Para evitar esto encerró en una torre a Dánae y puso a fieros mastines como guardianes. Zeus deseó a Dánae y pudo llegar a ella en forma de lluvia de oro y la hizo concebir un niño. Ése fue Perseo.

Cuando supo su estado, su padre no pudo creer que ella había concebido de Zeus, pensó que era de su hermano Preto, que de un modo artificioso había tenido trato con ella. La encerró en una caja juntamente con su hijo y la echó al mar.

El arca fue a dar a la isla de Serifos, donde un pescador de nombre Dictis pudo atraparla con su red. Los halló vivos y los llevó al rey Polidectes, quien crió a Perseo.

Ya siendo hombre Perseo tuvo que enfrentarse al rey que lo crió que a fuerza quería casarse con su madre. El rey quiso engañarlo y organizó una falsa expedición para ir a pedir la mano de Hipodamía, hija de Pélope. Entonces le pidió a Perseo que contribuyera con un caballo. Él respondió que no tenía caballos y tampoco con qué comprarlos y le propuso que iría a buscar a Hipodamía y le traería la cabeza de la Medusa la Gorgona, cabeza que el rey obtendría si desistía de casarse con su madre.

Atenea supo esta historia y bajo la supervisión de Zeus, decidió ayudar a Perseo para que fuera a buscar la famosa cabeza. Lo llevó a Dicterión en Samos, en donde estaban las tres hermanas, las Gorgonas. Le dio las señas para distinguir a Medusa de sus dos hermanas. Le recomendó que no viera a la Medusa directamente a los ojos, sino que la viera reflejada en su brillante escudo, escudo que ella le dio.

Hermes también vino a ayudar a Perseo. Le dio una guadaña de diamantes con la que cortaría la cabeza de la Medusa. Perseo pidió aun más, unas sandalias con alas, una alforja mágica para llevar la cabeza y el yelmo de la invisibilidad que era de Hades. Tuvo que ir a solicitarlas a las ninfas del Hades, que eran las tres Graias, hermanas de las Gorgonas. Las halló al pie del Monte Atos y fingiendo que las reverenciaba, les arrancó el único ojo y el único diente que tenían para las tres, y con esto las dejó inutilizadas para perseguirlo.

Ya con todos esos implementos se dirigió a la tierra de los Hiperbóreos, donde halló a las Gorgonas dormidas, todas rodeadas de hombres, lo mismo que de bestias, que habían quedado petrificadas por ver a la Medusa a los ojos. Él la vio reflejada en su escudo, conforme le aconsejó Atenea. Y guiada su mano por la diosa, le cortó la cabeza al monstruo.

Al día siguiente entró al desierto de Libia y Hermes le ayudó, también bajo la supervisión de Zeus, a cargar la pesada cabeza de la Medusa. Cuando pasaba por el lago Tritón, algunas gotas de sangre de la cabeza cayeron en él y el lago se llenó de gusanos y serpientes venenosas. Allí murió Mopso, el argonauta que le acompañaba.

En su camino encontró a una mujer encadenada a un árbol. Era Andrómeda, hija del rey Cefeo. Corrió a liberarla, pero sus padres le pidieron que se desposara con ella. Iba por allí el monstruo que Poseidón enviaba a devastar Filistia al cual le mostró la cabeza de la Medusa y lo convirtió en coral.

Cuando se celebraba la boda llegó Agenor, hermano de Belo, y pretendió que le entregaran a Andrómeda. No hallaban otro medio para recuperarla que matar a Perseo. Lo atacaron pero él sacó la cabeza de la Medusa y convirtió a más de cien o doscientos en rocas y rápidamente se fue a Serifo con Andrómeda.

Estaba el rey Polidectes cuando se le anunció su llegada. Le dijo que traía el prometido obsequio. Se burlaron de él y les mostró la cabeza de la Medusa, con lo cual todos se volvieron piedras. Allí entregó la cabeza a Atenea, que la colocó en su escudo y devolvió los mágicos implementos que le habían prestado las ninfas de Hades.

Después de elevar a Dictis al trono de Serifos, Perseo zarpó con rumbo a Argos. Acrisio, al tener noticia de su próxima llegada, huyó a Larisa, en Pelasgiótide, pero quiso el azar que Perseo fuera invitado a asistir a los juegos fúnebres de aquel lugar y que participara en el concurso atlético. Cuando le llegó el turno del lanzamiento del disco, su disco, desviado de su camino por el viento y por la voluntad de los dioses, golpeó a su abuelo Acrisio y lo mató. Tremendamente apenado, Perseo enterró a su abuelo en el templo de Atenea que coronaba la acrópolis local y luego, sintiéndose avergonzado de reinar en Argos, se marchó a Tirinto, donde cambió su reino de Argos con su primo Megapentes. Vivió feliz y tuvo muchos hijos.

De todas las aventuras de Perseo, Zeus estuvo al pendiente como lo estaba de todos sus hijos.

Con estos mitos de Zeus y Perseo se ejemplifica el arquetipo padre en su relación con el arquetipo hijo mostrándose cómo Zeus siempre protegió a los hijos que correspondieron a su buena intención de hacerlos héroes.

Es claro que Zeus era protector, enérgico y afectuoso con sus hijos buenos y era implacable con los hijos que mostraban un conflicto de autoridad y lo desafiaban llegando a destruir sus bienes. Aunque en el mundo del Olimpo, Zeus es arquetipo del padre, pensemos que estos mitos existieron y tenían vigencia antes de la era cristiana, es decir, hace por lo menos dos mil años. Así que para la época actual, Zeus arquetipo de padre ya viene a ser un arquetipo de abuelo, bisabuelo, tatarabuelo, etcétera. Y sus cualidades son recibidas en la época actual. Cualquier hijo que nazca cuenta ya con un padre protector, vigilante, guardián, impulsor, motivador de su vida y automáticamente al nacer ya trae o le son obsequiados en el momento del nacimiento, dones o características con las que puede valerse el resto de su vida. Y si es un hijo como Perseo, sabrá utilizar esos dones que el padre le otorga en colaboración con su madre, representada por las diosas del Olimpo y será un hijo exitoso (González Núñez, 2007).

El arquetipo de hijo consiste en que es una persona que sabrá, como los abuelos lo recomiendan, respetar a los mayores, seguir sus consejos, y saber utilizar su herencia sobre todo la herencia psicológica.

Y así es como el arquetipo lo vemos reproducido en la mitología, lo vemos reproducido en la leyenda, en las religiones. Zeus es sustituido en la religión cristiana por Jesucristo. Pensemos por ejemplo en aquellas personas que van a misa y escuchan la lectura del evangelio en turno, ese es un evangelio que contiene metáforas que dijo Jesucristo hace dos mil años. Y así estas metáforas se vienen escuchando de generación en generación, de tatarabuelos a bisabuelos, de bisabuelos a abuelos, de abuelos a padres y de padres a hijos. Por eso es que se afirma que los hijos de sus hijos ya tienen un diseño, porque se les irá transmitiendo un arquetipo que no son más que características del inconsciente colectivo, universales, activas, dinámicas y vigentes en la mente de quien nació y nacerá en el futuro.

Conclusiones y sugerencias

1. Con el conocimiento claro de que la conducta de ancestros influye en forma inconsciente y determinante sobre la prole, el padre de familia puede utilizar este conocimiento realizando un familiograma, es decir, una historia de la familia, tomando en cuenta al mayor número de familiares que le antecedieron, descubriendo en sus historias sus actos heroicos y los secretos difíciles de contar.

2. En la medida en que conocemos que a través de donaciones psicológicas se troquela la conducta del hijo, el padre debe considerar siempre hacer aquellos obsequios que representan una herencia para el resto de la vida. Por ejemplo, un padre puede regalar un reloj al hijo, que no importando la calidad del reloj sí importa el transmitirle que el control del tiempo es importante; puede regalarle un abrigo que lleva la intención de que aprenda a protegerse de las inclemencias del clima, que no es más que el protegerse de los embates y frustraciones de la vida. Tal vez es recomendable siempre regalar un libro, en especial de mitos, cuentos, sueños y leyendas con la intención de darle vida a todas sus fantasías sobre todo aquéllas que puedan hacerse realidad.

3. Otro de los regalos que un padre debe hacer a su hijo es alguna forma de ahorro: un cochinito, una alcancía, una cuenta de ahorros pero no nada más para acumular dinero sino para que el hijo aprenda un manejo fluido del dinero. Se dice que el dinero es redondo pero siempre pensando que debe rodar hacia uno mismo pero muy probablemente nuestros antecesores digan que primero deben rodar hacia fuera, o sea el sujeto debe aprender a invertir para luego recoger las ganancias de su inversión.

4. En su carácter de autoridad ancestral, una forma de transmitirle al hijo la filosofía de la vida y la motivación de lucha, el padre tiene que apartar tiempo, como Zeus apartó tiempo para estar al pendiente de Perseo, como cualquier padre que quiere estar cerca de su hijo y conversar con él. Si se dificultan los temas de conversación tanto por parte del hijo como por parte del padre, y que no sepan de qué

platicar, puede perfectamente ayudarse de ese libro y leer algunos temas juntos a la vez que conversar acerca de la historicidad de cada uno de ellos así como de cada uno de los miembros de la familia. Es sorprendente ver cómo los padres hacen actos coincidentes en la relación con los hijos como por ejemplo, un padre que su hijo se llamaba idéntico que su abuelo y había nacido exactamente cien años antes que el hijo, lo cual refleja que vale la pena creer en que las conductas de los antecesores y los antepasados influyen sobre la vida actual y sobre la salud mental de los hijos.

Bibliografía

Abraham, K. (1984) *Psicoanálisis clínico*. Argentina: Paidós. 2ª edición.

Elíade M. (1999) *Mito y realidad*. Barcelona, España: Kairós.

Esperón, C. (1984-1985) *El mundo mágico de la mitología* I. La creación. México: Audiolibros. Triálogos XXI.

Freud, S. (1905/1981) *Tres ensayos para una teoría sexual*.

Geissmann, D, y Houzel, D. (2000). *El niño sus padres y el psicoanalista*. España Madrid: Síntesis

González Núñez, J.J. (2007) La imagen de los padres transmitida al analista, su constatación con la imagen real. En: *Alêtheia* No. 26. México: Instituto de Investigación en Psicología Clínica y Social. pp. 15-36

Jung, C. G. (1970). *Arquetipos e inconsciente colectivo*. España: Paidos

Mahler, M. (1977) *El nacimiento psicológico del infante humano*. Argentina: Marymar.

May, R. (1992) *La necesidad del mito*. España: Paidós.

Giugla, S. y Detienne, M. (1991) *La vida cotidiana de los dioses*. México: Planeta.

Las vicisitudes en la relación madre, madrastra-hija a través de los cuentos

Susana Zarco Villavicencio
María Eugenia Patlán López

A través de los cuentos, se refleja el mundo interno de las personas que los escriben, pero muchos de estos cuentos logran trascender y perdurar a través de los años debido a que son una proyección de conflictos que le suceden a todo individuo. En especial en este trabajo nos enfocaremos a revisar los cuentos relacionados con el complejo edípico. Para Blinder, Knobel y Siquier (2004) en los cuentos de Hadas quedan insertados fragmentos de distintos mitos alrededor del Edipo.

Estos cuentos reflejan por lo tanto, la relación con los padres y personas emocionalmente importantes, es decir, nos muestran el tipo de interacción sana así como las dificultades en el vínculo con madre, padre y hermanos, pero también nos brindan las formas de solucionarlas, de manera que éstas se asimilen como experiencias a lo largo del desarrollo.

Relación madre-hija

La madre es la primera persona que establece una relación emocional con el niño, brindándole protección, cuidados y afecto desde el nacimiento. Esta función de maternaje fue adquirida primero en la relación con su propia madre y después con aprendizajes adquiridos de otros lados y de la manera en la que vivió la relación con la madre en el pasado, dependerá la modalidad en la que ejercerá su función materna. Si esta relación fue favorable, establecerá una relación incondicional con su hijo, a quien amará sin limitaciones o con las limitaciones propias de su mundo intrapsíquico.

El niño depende incondicionalmente de su madre, ya que de esta manera asegura su bienestar físico y la satisfacción de sus necesidades psicológicas. La madre actúa como objeto satisfactor del bebé a través del amor incondicional hacia él (Fairbairn, 1962). Esta relación de dependencia va a disminuir progresivamente a lo largo de las fases de la niñez y se convertirá en una relación madura durante toda la vida, ya que nunca se deja de depender completamente de las personas significativas a lo largo del desarrollo.

La relación de amor incondicional de la madre hacia el hijo puede observarse en un cuento de Andersen (2005) llamado "Historia de una madre" el cual relata la historia de una mujer con un hijo enfermo. Un día entra la muerte a su casa representada por un anciano y se lleva al hijo. La madre desesperada por encontrarlo, tuvo que vencer obstáculos que implicaron realizar varios sacrificios. Este tipo de obstáculos son vividos a lo largo de la relación madre-hijo, en los que la madre jerarquiza sus prioridades en función de su hijo y realiza una serie de renuncias que reflejan su amor incondicional. En el cuento, la madre primero encontró a una mujer desconocida (la noche) quien le pidió cantar las canciones de cuna que le cantaba a su hijo. Este canto simboliza el sostén que la madre llevó a cabo con su hijo a través de la palabra. Después se encontró a un zarzal quien le pidió le calentase en su seno pues moría de frío, hasta que al abrazarlo las espinas desgarraron sus carnes, pero el zarzal retoñó y se cubrió de flores y tallos. El abrazo al zarzal simboliza el gran amor de la madre, quien abraza a su hijo (al zarzal) y le otorga incondicionalmente calidez y abrigo aunque las espinas del zarzal la desgarren.

Luego, al llegar a un lago se encontró con que no tenía forma de cruzarlo y éste, al ver el brillo excepcional de sus ojos, le pidió que llorara hasta que éstos se desprendieran, a cambio de ayudarla a cruzarlo. La madre lloró hasta quedarse ciega. Pero aún así aceptó el sacrificio por encontrar a su hijo. La mirada es imprescindible en la relación madre-hijo y este brillo muestra el vínculo tan fuerte establecido entre madre e hijo por lo que el amor incondicional de la madre por éste puede transmitirse por el abrazo, el olor, la calidez, de tal forma que este amor trasciende la necesidad de la mirada. Después se encontró a una vieja quien la llevó hasta el bosque donde se encontraban árboles y flores que pertenecían a cada persona. Cada planta tenía la pulsación del corazón de cada una. Esta mujer le pidió como sacrificio su cabellera negra. La madre se arrancó los cabellos, que eran el orgullo de su juventud. El cabello representa la feminidad y el amor por sí misma, y la madre en situaciones críticas deja a un lado el amor por sí misma por el amor de su hijo. Esta anciana la llevó hacia el bosque donde estaban las plantas y la madre al tocarlas pudo reconocer el corazón de su hijo en un azafrán. La madre esperó a que llegara la muerte y la amenazó con arrancar todas las flores. La muerte devolvió a la madre sus ojos y le explicó que si arrancaba otras flores, con ello destrozaría el corazón de otras madres. La madre vio pasar en el fondo del pozo imágenes de alegría y de pesadumbre, desolación y miseria, que era la suerte que su hijo iba a tener en el mundo. La madre mencionó: "quiero más que a mí misma al hijo de mis entrañas; caigan pues sobre mí todas las desdichas. Llévalo en buena hora al reino de los cielos y olvídense mis lágrimas y mis súplicas, mis palabras y mis sacrificios (…)" e inclinando la cabeza sobre el pecho, caía abismada en la más terrible de las congojas, en tanto que la muerte arrancaba el débil tallo de azafrán y volaba a trasplantarlo al jardín desconocido (Andersen, 2005, p.133). En el final de este cuento se evidencia que la madre tiene que permitir la separación de su hijo. En la relación madre-hija se da un vínculo profundo que no entorpece el desarrollo individual de cada una de ellas (González Núñez, 2004).

En ambos sexos, las primeras relaciones con los padres se desarrollan sobre la base de satisfacción de necesidades vitales y los cuidados maternos son proporcionados de la misma manera para niños y niñas. Para Freud (1932/1981) la vinculación de la niña hacia la madre se extiende hacia las tres fases de la sexualidad infantil y se manifiesta a través de los deseos orales, sádico anales y fálicos. Estos deseos representan pulsiones pasivas y activas, ambivalentes: de naturaleza cariñosa y agresiva.

Es la madre la primera persona en la vida de la niña y es ella también la que le proporciona los cuidados de higiene corporal, despertando en sus genitales las primeras sensaciones placenteras. En el curso del desarrollo, la niña se percata de las diferencias anatómicas entre niños y niñas, se percata también de su ausencia de pene, que simboliza la ausencia de fuerza y de actividad, envidiando los aparentes privilegios que el hombre tiene. Así, la niña renuncia temporalmente a la satisfacción de sus deseos sexuales activos a través de la masturbación y se aleja temporalmente de la madre, reprimiendo con ello sus pulsiones sexuales. Se dirige hacia el padre con un deseo de conseguir de él lo que la madre le ha negado. Se construye la sustitución de no tener pene como el hombre por el deseo de tener un hijo. Con la adecuada resolución del proceso edípico, la niña supera la fantasía de este complejo y puede acercarse nuevamente a la madre, con quien anteriormente había establecido ya una relación satisfactoria, situación que le permite identificarse con ella. En esta vinculación amorosa toma como modelo a la madre, por lo que en la identificación con ella tratará de conseguir una pareja como su padre. De esta manera adopta el camino más adecuado que es el de la feminidad normal. La fase de vinculación amorosa entre madre e hija es decisiva para la mujer, ya que es en este contexto en el cual se prepara la adquisición de las cualidades femeninas con las que atenderá su papel en la función sexual y cumplirá con las funciones femeninas impuestas por la sociedad. Para Dolto (1997) el periodo preedípico y de latencia son fuentes de experiencias vívidas en la relación con la madre, lo que permitirá la adaptación personal de la adolescente a su condición social de mujer.

Vicisitudes en la relación madre, madrastra-hija

La relación madre-hija no en todos los casos es satisfactoria, y puede presentar las siguientes vicisitudes a lo largo del desarrollo:

a. Relación simbiótica: La simbiosis que existe normalmente en la relación madre-hija se prolonga. Es una conflictiva en la cual hay una fijación en la fase anterior al complejo de Edipo, que se caracteriza por la excesiva dependencia en la relación madre-hija, quien se queda dependiente de la madre, de tal manera que no puede llevar a cabo la separación necesaria ni vivir una vida independiente. En esta conflictiva no existe una adecuada identificación femenina, por lo que la mujer presenta conductas femeninas y masculinas mal integradas a su personalidad.

b. Envidia del rol masculino: Es una conflictiva que resulta del deseo inconsciente de poseer el órgano masculino, simbolizado por la actividad, la fuerza y características de superioridad que los padres y la sociedad otorgan al hijo varón. La niña desea estas cualidades, situación que le dificulta la aceptación de su feminidad.

c. Complejo de masculinidad: El descubrimiento de no poseer pene le da a la niña la dificultad para reconocer su feminidad, por lo que

mantiene una actividad masturbatoria clitoridiana y busca una identificación con la madre fálica o con el padre.

d. Rivalidad con la madre: En la conflictiva edípica, la hija pasa a ser la
rival de la madre, quien recibe del padre todo lo que la niña anhela tener de él. En esta rivalidad la niña rechaza la identificación con la
madre, por lo que quiere superarla para tener al padre.

Estas vicisitudes podrán ser ejemplificadas en el cuento de la "Cenicienta" de Charles Perrault. Es un popular cuento de Hadas que ha perdu-
rado a través de los siglos, ya que las primeras versiones datan del año
860. d.C.

El cuento comienza cuando la madre de Cenicienta muere. Cenicienta tenía 14 años. Padre e hija vivían tranquilamente. La Cenicienta
era una muchacha agradable y afectuosa, tenía una buena relación con
su padre y había sido una hija muy querida de su madre. En la relación
materna vivió experiencias gratificantes que la llevaron a ser una hija
afectuosa y agradecida.

Para brindarle una familia a Cenicienta, su padre decidió casarse con
una viuda que tenia dos hijas. Las tres mujeres se fueron a vivir al hogar
de Cenicienta y tiempo después el padre murió, por lo que Cenicienta
quedó a cargo de la madrastra y hermanastras.

En el interjuego de las experiencias frustrantes y displacenteras propias de toda relación humana, Cenicienta después de haber vivido una
vida agradable y cómoda al lado de sus padres, se enfrentó a las frustraciones en la relación con su madrastra, quien junto con sus hermanastras
manifestaron hostilidad hacia Cenicienta, usurpando sus comodidades,
al grado de tratarla como a una sirvienta. Sin embargo, dice el cuento:
"Cenicienta era muy buena, no guardaba rencor a la madrastra ni a las
hermanastras, a pesar de que ellas no la amaban. En su tierno corazón
sólo cabía la bondad" (Perrault, 860 d.C. p. 15). En esta descripción
se observa cómo Cenicienta estaba inmersa en un conflicto, en donde se
sintió confrontada con la ambivalencia que existe en todas las relaciones
humanas: amor y odio. Sin embargo, debido al tipo de relación que
estableció con su madre, en la cual predominaron los afectos positivos,
Cenicienta aprendió a enfrentar situaciones difíciles, a tolerar la hostilidad de la madrastra y hermanastras, buscando una solución a los
conflictos de ambivalencia que estaba experimentando a través de una

conducta positiva que confrontaba a las mujeres con su propia hostilidad. En otra versión del cuento de Guillermo Grimm (sin año) se narra cómo Cenicienta sembró una planta de avellano regalada por su padre al lado de la tumba de su madre y cuando se encontraba ante situaciones difíciles se acercaba a ella para llorar y pedir su ayuda. En otras versiones, el Hada representa a esta madre protectora, ya que la madre es la primera persona de quien los hijos buscan la guía, el apoyo y la resolución de situaciones difíciles en la vida (González Núñez, 2008, comunicación personal).

La madrastra mantenía una relación de dependencia con las hermanastras, ya que les decía lo que tenían que hacer, era ella quien deseaba que se casaran con el príncipe. En la versión de Grimm (sin año), se narra cómo la madrastra les pide a las hijas que se corten el pie para poder calzar el zapato (a una le pide se corte el dedo "gordo" y a otra un "trocito de talón") para que les quedara el zapato perdido por Cenicienta y que el príncipe ya no busque a quién le pertenece el zapato. Este es un tipo de castración y es el caso de algunas mujeres que permanecen dependientes de su madre, viviendo simbólicamente castradas, al no tener pareja, al carecer de una vida propia, situación que puede resultar cómoda pero emocionalmente muy insatisfactoria.

Cenicienta así se enfrentó a las frustraciones al lado de estas mujeres quienes motivadas por la envidia deseaban quitarle toda posibilidad de ser feliz. Envidiaban la libertad que ella tenía para anhelar el amor y fantasear con la sexualidad, que para ellas simbolizaba algo sucio y despreciado. Pero Cenicienta no respondió a esa rivalidad y buscó la felicidad, recurriendo a esas imágenes buenas de la madre que permanecieron internalizadas y que la acompañaban siempre. En la fiesta donde conoció al príncipe, logró trasmitirle a éste su bondad y el amor que poseía. A pesar de todos los obstáculos que la madrastra y hermanastras le pusieron, el príncipe la eligió para casarse por poseer las cualidades que tenía. Las madres femeninas enseñan a las hijas a esperar, como ellas a su edad, las promesas que la vida les tiene preparadas (Dolto, 1997) y así Cenicienta, víctima de un destino cruel, pudo esperar y actuar hasta superar las dificultades, utilizando las experiencias buenas vividas con su madre, las cuales le permitieron fortalecerse y así alcanzar la felicidad.

Conclusiones

1. En el cuento "Historia de una madre" se presentan las manifestaciones de amor incondicional que experimenta la madre hacia su hijo por el cual puede sufrir sacrificios y realizar renuncias.
2. Estas renuncias la llevan a establecer prioridades por medio de las cuales ante situaciones críticas puede hacer a un lado el amor a sí misma por el amor a su hijo.
3. El amor incondicional de la madre permite la separación de su hijo, aunque esto le ocasione un dolor emocional, ya que antecede el bienestar de su hijo al de ella misma.
4. En el cuento de La Cenicienta se observan los conflictos de ambivalencia que se experimentan en todas las relaciones humanas: amor y odio.
5. Las hermanastras de Cenicienta quedan atrapadas en la dependencia patológica con su madre, situación que les lleva a vivir simbólicamente una castración que las limita en el desarrollo de sus potencialidades.
6. En Cenicienta prevalece la internalización de las relaciones amorosas vividas con sus padres, lo cual le permite resolver su ambivalencia.
7. La madre y el hada fungen como la figura bondadosa, que enseña a Cenicienta a no darse por vencida.
8. Cenicienta logra alcanzar de manera activa su proyecto de vida al persistir en su meta por alcanzar la felicidad.

Sugerencias

a. Es importante promover la lectura de los cuentos ya que permiten proyectar los conflictos que le suceden a todo individuo.
b. Los cuentos como vía de expresión de las dificultades presentes en toda realidad humana proporcionan también formas útiles de solución.
c. El cuento de "Historia de una madre" se plantean las formas de expresión del amor incondicional de una madre, al grado de renunciar a su propia vida por el amor a su hijo.
d. El cuento de la Cenicienta plantea temas como la relación madre-hija y cuando se ha internalizado a una madre amorosa, es posible

superar la ambivalencia, ya que prevalecen los sentimientos de afecto y amor hacia la madre.

e. Este cuento plantea también que las vicisitudes en la relación madre-hija pueden generar una relación de dependencia, que "castra" a las hijas y les impide el desarrollo de sus potencialidades.

f. El análisis de estos cuentos permiten también entender que la adecuada resolución edípica proporciona a la niña la posibilidad de identificarse con su madre y disfrutar de su feminidad.

Bibliografía

Andersen, H.C. (2005) *Cuentos de Andersen*. México: Época.

Blinder, C., Knobel, J y Siquier, M.L. (2004) *Clínica psicoanalítica con niños*. Madrid, España: Síntesis.

Dolto, F. (1997) *Sexualidad femenina*. España: Paidós.

Fairbairn, R. (1962) *Estudio psicoanalítico de la personalidad*. Buenos Aires, Argentina: Hormé.

Freud, S. (1932/1981) *La feminidad*. Tomo II. Barcelona, España: Biblioteca Nueva.

González Núñez, J.J. (2004) Relaciones interpersonales entre padres e hijos. En: *Relaciones interpersonales*. México: El Manual Moderno.

González Núñez, J.J. (2008) Comunicación personal. México.

Grimm, G. (sin año) *Selección de cuentos para niños*. México: Época.

Perrault, Ch. (2007) *Cenicienta*. México: Princesitas.

La transformación del filicidio en matricidio: su expresión a través de los cuentos

María de los Ángeles Núñez López
María del Carmen Gamietea Domínguez

Uno de los conflictos arquetípicos de cualquier cultura es, sin duda, el filicidio. Por filicidio se entiende el deseo o el acto de matar a los hijos, lo cual es expresado a través de cuentos y leyendas que se transmiten de generación en generación, con la necesidad inconsciente de depositar en entes fantasmáticos los propios deseos o actos filicidas. Así, mágicamente, se pone afuera aquello que causa terror, dolor y remordimiento. De esta manera, los cuentos y leyendas tienen una función catártica y transformadora, ya que permiten exorcizar a los demonios internalizados, dándoles vida, pudiendo manifestar los afectos no expresados, expiar la culpa y al mismo tiempo revelar los deseos de resarcir el daño.

Si bien el filicidio es un arquetipo universal, es decir, un prototipo o modelo, su forma de expresión es muy particular, propia de cada cultura. Esto quiere decir que desde el principio de la historia humana en todas las culturas, en todas las tribus, por distantes y lejanas que estuvieran entre ellas, los hombres compartían ideas para explicarse su existencia.

El filicido ocurre en todas las culturas, ya sea en forma aislada o como práctica sistemática con interpretación específica para cada comunidad. Con este conocimiento, no es de extrañar que los cuentos, mitos y leyendas involucren sucesos en que se asesinen a los hijos, reflejando las pulsiones humanas. Al platicarlo se permitía reflexionar sobre ello, por un lado, para no ejecutarlo y quedara sólo en la fantasía y, por otro, se buscaba el buen comportamiento, de lo contrario la vida se ve amenazada.

El psicoanálisis es un camino a través del cual se han encontrado símbolos ocultos, motivos inconscientes y mecanismos psíquicos de los fantasmas filicidas en los cuentos, en las obras literarias y en cualquier manifestación de la conducta humana. El objetivo para contar los cuentos, en el marco psicoanalítico, es el externar los miedos y las conductas agresivas a través de las fantasías sin tener la necesidad de actuarlos, logrando, de esta manera, un equilibrio psíquico entre el mundo interno y el mundo externo.

Mitología y filicidio

En la mitología griega encontramos el ejemplo de Medea, mujer abandonada por su esposo, quien se enamoró de una princesa. En venganza, Medea lo castigó matando a sus dos hijos y asesinando a su rival mediante un velo nupcial envenenado.

Otros ejemplos del filicidio se hallan en Lamina a quien "Zeus sedujo y le dio varios hijos, pero Hera por celos y despecho los mataba. Lamina para vengarse de Hera, mataba a los niños de los demás, apareciendo en la noche con horrorosa cara y dejando muertos a los infantes por chuparles la sangre" (Garibay, 1998 p. 150). Gelo, también es un ente filicida: "Es un ser maléfico que persigue a los niños por la noche y los roba. Es una mujer que murió de mala muerte y anda errando siempre en busca de personas a quien maleficiar" (Garibay, 1998, p. 110).

También la figura masculina ha sido protagonista del filicidio, como Cronos que devoraba a sus hijos. Así como él castró a su padre junto con su hermana Rea y devoraba a sus hijos para no ser castrado por ellos como él lo hizo con su padre.

El filicidio en las leyendas

En América Latina, existe la leyenda de la Llorona: mujer que mató a sus hijos. Una mujer de pelo largo, ojos rojizos, rostro de calavera, vestido sucio y enlodado, que entre sus largos brazos acuna a un bebé muerto y vaga por los ríos y selvas, lagunas, quebradas y charcos profundos, llora su desgracia a lo largo de todo el continente sudamericano. Sin embargo, cada pueblo cuenta su propia leyenda filicida, por ejemplo en Argentina la llorona es una mujer que no tiene rostro, trae enfermedades a los sanos y la muerte a los enfermos; en tanto que en Venezuela, la llorona es una mujer que se enteró del engaño de su esposo con su propia madre y para vengarse prendió fuego a la casa de su madre y la mató. Desafortunadamente olvidó que sus hijos también estaban dentro. Cuando se percató, era demasiado tarde. Desde este momento deambula por los valles venezolanos llorando a sus hijos. (http://arescronida.wordpress.com/2008/02/04/espectros-femeninos-de-america/).

En la cultura mexicana se encuentran algunas leyendas prehispánicas e hispánicas en las que el acto filicida busca su expresión, entre ellas están las de Tlaltecutli, Cihuacoatl y la Llorona.

Tlaltecutli era una Diosa, un monstruo sagrado: "tenía ojos, en todas las coyunturas de su cuerpo monumental, lo mismo que sus infinitas bocas que mordían con furia… Por las noches Tlaltecutli solía llorar con dramática desesperación. Para acallar ese pavoroso llanto, los compasivos sacerdotes le daban de comer corazones humanos" (Peniche, 2005, p. 12).

Este relato pone de manifiesto el deseo y la conducta filicida de la Diosa Tlaltecutli simbolizada "en sus infinitas bocas que mordían con furia"; en tanto que sus múltiples ojos le servían para llorar su dolor, para purificar su interior manchado por el filicidio. Los corazones humanos son los de sus hijos.

Cuenta la leyenda que antes de la conquista española, una figura femenina vestida de blanco comenzó a aparecer regularmente sobre las aguas del lago de Texcoco, llorando por sus hijos simbólicos a quienes perdería con la conquista de América. Era la Diosa azteca Cihuacoatl. Ella apareció para anunciar simbólicamente, la caída del imperio azteca. Para los aztecas era la mujer culebra cuya misión era recoger las almas de los difuntos. Era una madre nutridora y proveedora, cuando estaba contenta, pero destructora cuando estaba disgustada, pues devoraba a sus vástagos, manifestando con ello su conducta filicida y canibalística.

Aparte de Cihuacoatl, tenía otro nombre: Tonatzin, que significa nuestra madre. "Acostumbraba arribar a los tianguis con una cuna a cuestas y tomaba su lugar entre las mujeres. Se esfumaba de pronto, dejando la cuna abandonada. Las mujeres la registraban y encontraban en su interior, en lugar de un niño un brutal cuchillo de pedernal" (Peniche, 2005, p. 97).

Iniciada la conquista española, "una mujer igualmente vestida de blanco y con las negras crines de su pelo abatiendo al viento de la noche, aparecía en la Capital de la Nueva España y tomando rumbo hacia el Oriente, cruzaba calles y plazuelas como al impulso del viento, deteniéndose ante las cruces, templos, cementerios y las imágenes iluminadas por lámparas, para lanzar ese grito lastimero que hería el alma. ¡Aaaaaaay mis hijos· El lamento se repetía tantas veces como horas tenía la noche…se detenía en la Plaza Mayor y mirando hacia la Catedral musitaba una larga y doliente oración, para volver a levantarse, lanzar de nuevo su lamento y desaparecer sobre el lago…" (Franco, 1993, p. 14).

No sólo por la ciudad de México vagaba esta mujer extraña, sino que la veían en varios lugares de los diferentes imperios que formaban lo que ahora es la República Mexicana.

En las callejuelas de Guanajuato hay otra versión de esta leyenda: "A las doce de la noche vistiendo un camisón blanco que llega hasta el suelo, sale una mujer que en brazos lleva un bulto pequeño envuelto en harapos, y caminado por Cantarranas llega a la plaza del Hinojo; allí en el quicio de una puerta, lo deposita. Entonces, como espantada de su propia acción, exhala un alarido desgarrador, hondo y largo, que perfora los oídos y se posesiona de quien lo escucha". (Anónimo, s/f).

En Michoacán, por el año de 1545, refiere la leyenda (Martínez, 1998, p. 27): "todavía se seguía oyendo por las noches la desesperada voz de una mujer, cuyos gritos muchos decían pertenecer al espíritu de una joven dama española a quien su marido había abandonado por otra mujer, dejándola sola en la más terrible de las pobrezas. Por ello, la desesperada mujer había enloquecido de pena y tras matar a puñaladas a sus dos hijos, ella misma se había clavado ese ensangrentado puñal en su pecho. Por lo que en castigo de su horrendo crimen y por haberse suicidado, vagaba por toda la eternidad, condenada a repetir para siempre su lastimero gemido".

A mediados del siglo XVII, en Durango, se tiene memoria: "de la visión de un fantasma, era una mujer vestida de riguroso luto, que salía siempre de un solar llamado de Las Ánimas, caminando hacia el Panteón de los Ricos dando lastimeros gemidos que hacían poner los pelos de punta a quien los escuchaba…Se decía que aquél fantasma era el alma de una mujer que una noche, a las doce, y sin que pudieran adivinarse las causas, dio muerte a sus tres pequeños hijos. Aquella mujer había consumado su crimen en el solar de las Ánimas en donde, casi a flor de tierra, sepultó a sus víctimas, concluido lo cual sobrevino un furioso remolino que arrastró a dicha mujer sin que volviera a saberse nada de ella" (Gamiz, 1979, p. 157).

La Llorona, en sus diversas interpretaciones está condenada a vagar para siempre por toda la Nueva España, por todo el Continente Sud-americano y en general por el Mundo, de esta manera intenta lavar su mancha sangrienta del filicidio al repetir constantemente su lastimero gemido, al expresar su dolor y arrepentimiento, con ello busca sanar su interior y redimirse a sí misma.

Además, sirve de aprendizaje para las madres que deberán transformar sus pulsiones agresivas contra los hijos, so pena de vagar eternamente llorando su dolor.

Estos deseos filicidas manifiestos en los cuentos, las fábulas, mitos y leyendas, son una manera de buscar un equilibrio psicológico entre el mundo externo y el interno.

El filicido y la actividad clínica

En la actividad clínica también se encuentran diferentes versiones de la Llorona, he aquí el ejemplo de un niño que en su mundo interno tenía por madre a una Llorona.

Fernando, es un niño de 9 años que es llevado a terapia por su madre dado que la profesora le refiere que el niño se pasa mucho tiempo de clases en dibujar mujeres embarazadas, además de que es muy agresivo con los niños, juega poco y tiene unos cuantos amigos.

Es un niño que aparenta más edad de la que tiene; es alto, mide aproximadamente un metro sesenta centímetros y pesa alrededor de 65 kilogramos, de cabeza grande, cara redonda y regordeta, con dientes afilados, sus brazos y piernas son proporcionadas al resto del cuerpo, sin embargo, su imagen corporal es tosca.

El paciente no podía nacer por su gran tamaño y le practicaron a la madre una cesárea. Por problemas de salud, el niño tuvo que quedarse un mes hospitalizado. La madre temía que muriera.

A los tres años sufrió una caída, estaba en la cama durmiendo muy cerca de la orilla y la madre estaba preparando la comida en la cocina, la caída le ocasionó una fractura en la clavícula, a los 5 años ingirió un puñado de pastillas que la madre dejó sobre la mesa, tuvo que ser hospitalizado.

Fernando permanece la mayor parte del tiempo con la madre pese a que están constantemente peleando. Él le grita, le dice que la odia cuando no le compra algo que necesita para la escuela o cuando les dedica más tiempo a sus hermanas tanto en su arreglo personal como al realizar las tareas. También le refiere que no es buena madre, que es mejor mamá su tía Andrea o su abuela porque ellas sí lo quieren y ella es muy, muy, muy mala.

No lleva una buena relación con su padre porque cuando no lo obedece le da sus cintarazos, sin embargo, en otros momentos le gusta acompañarlo al negocio del abuelo, ver juntos la televisión y jugar futbol.

La relación con sus hermanas tampoco es muy buena, en especial con la hermana menor de la familia, la detesta, dice que es "una víbora desnutrida y fea", en cambio con la hermana que le sigue, la relación es mejor, juegan y dice quererla, pero cuando se enoja quiere que desaparezca del mapa.

A lo largo del proceso terapéutico el niño jugaba formando con plastilina mamás embarazadas y eventualmente dibujó también lo mismo.

A continuación se transcriben fragmentos de sesiones en las que se observa claramente su vivencia interna de tener por madre a la Llorona, donde el niño construye una madre filicida.

En la sesión No. 4 el niño configuró a una mamá embarazada y la amarró, señalando a pregunta expresa de la terapeuta, del por qué la madre está atada, él contestó: "Es que le hace falta oxígeno. El bebé nació sordo, mudo y con parálisis cerebral, está paralítico, no puede moverse, ya se murió, le dio un paro cardiaco".

En su fantasía, la madre-Llorona gesta hijos defectuosos, con limitaciones físicas y por eso los mata, se deshace de ellos. Simbólicamente lo mató a él por ser un niño defectuoso, monstruoso.

Durante la sesión No. 8 expresó al formar con plastilina una mamá embarazada: "Está por nacer su penúltimo hijo. Se desmayó, la atiende el doctor y nace el bebé, fue niño, ya salió del problema pero está embarazada de otro, el hijo se le muere porque nació asfixiado".

Para el mundo interno de Fernando la madre no oxigenó al hijo que iba a tener y se murió en la historia que él planteó, así como inconscientemente desplaza la idea de que no lo oxigenó a él, con el claro propósito de matarlo porque para la madre-Llorona los hijos son un problema, un problema que se resuelve matándolos.

Para la sesión No. 15 dijo, una vez construidos unos dinosaurios con plastilina y jugar con ellos, dijo lo siguiente: "Que la mamá empollaba, agarra el huevo y lo asa, no lo podía quebrar porque estaba a punto de nacer" ¿Para qué lo querrá quebrar? "Para comérselo", contestó el paciente.

Fernando percibía a la mamá dinosaurio como madre-Llorona pues mató al hijo empollado al asar el huevo, la mamá dinosaurio se comió a su hijo, de esta manera él percibía inconscientemente a su madre como una madre filicida y caníbal que lo mató y se lo comió.

Ya en la sesión No. 26 el paciente manifestó sus temores de muerte así: "La señora aborta…" ¿Qué le pasará a la mamá que aborta? "Comía muchos chocolates, se enredó el cordón umbilical en la cabeza, la lengua se le salió, le reventó el estómago y también le explotó el corazón".

En la fantasía del niño, la madre-Llorona lo abortó, lo destruyó sádicamente y lo expulsó en pedazos. La madre ingirió chocolates destructivos, abortivos que explotan en su vientre y lo desintegran.

El paciente formó nuevamente una madre embarazada en la sesión No. 45 y al jugar con ella, la madre dijo: "Vengo a que me operen porque ya no quiero tener más hijos", señora, le contestó el Médico: "Ud. Todavía puede tener más de 100" y la mamá señaló: "Ya no quiero tener hijos porque ya no aguanto…" "Señora, espérese, que está esperando cuates" le comunicó el Médico, sin embargo, la Sra. insistió "opéreme aunque esté esperando cuates, sáquelos…"

Se observa claramente cómo Fernando percibía en su mundo interno los deseos y actos filicidas de su madre, por lo que él, representado por el médico, le solicitó no abortarlo dado que él quería vivir, quería nacer.

Como respuesta a la madre-Llorona, Fernando, en retaliación fantaseó con matarla, como si se dijese: "el que a hierro mata, a hierro muere". El filicido lleva consigo el matricidio.

El niño siguió jugando con los muñecos de plastilina, colocó a los hijos en los brazos de la madre y comentó: "Son Magali, Anel y Edith. Se desmaya la mamá por los síntomas del embarazo, al último queda muerta la mamá".

· El deseo de Fernando era que la madre-Llorona lo sostuviera en su regazo y no lo abortara, sin embargo, al sentirse rechazado la mató omnipotentemente. El filicido se transformó en matricidio.

Nuevamente jugó con la muñeca embarazada en la sesión No. 9, la terapeuta le preguntó "¿Qué vas a hacer?" y él respondió: "Lo mismo de siempre (se ríe), usted ya sabe, es lo que hicimos el miércoles, lo de la telenovela, sale una mamá embarazada pero ya se murió de un infarto".

La madre embarazada de la telenovela representaba a su madre-Llorona, a su madre embarazada que murió de un infarto. Continuó jugando y expresó: "Quedó coja la mamá porque les falló la operación, se cae, ya no se puede levantar porque se está muriendo…" aquí, Fernando depositó en los Médicos su deseo matricida, son ellos los que fallaron en la operación, de esta manera se liberó inconscientemente de la retaliación materna, es decir, así se liberó de ser muerto por la madre.

Para la sesión No. 49 el niño expresó: "La mamá ya se hizo viejita, le cortaron un pie, le ponen un pie postizo, pero la mamá ya empezaba a dejarse mo… ¿ahora qué haremos con la mamá? ", ¿de qué? le preguntó la terapeuta, y él dijo: "Que se moría ¡ah noooo! la mamá está en el quirófano, primero se casó, tuvo a todos sus hijos y se empezó a enfermar mucho, mucho… ya se murió… noooo, está embarazada y va a tener un niño":

Fernando encubrió sus deseos de matar a la madre-Llorona al insinuar que ella se quiere dejar morir, pero finalmente le ganó la pulsión de destruirla y la mató, sin embargo, ante el temor a la retaliación, lo niega.

Prosiguiendo con las fantasías matricidas del paciente declaró en la sesión No. 75, "¡Qué grandote está el niño! pesó 4 kilos 600 gramos, ¡mira nada más qué muchacho! lo voy a pasar como el hermano mayor porque éste está más chiquillo. La mamá todavía está dormida. ¿Dormida?, le inquirió la terapeuta, a lo cual contestó: "Dormida, dormida como decir muerta, ¡ya se despertó!. Faltan por nacer las otras mujeres para que sean dos y dos. Está inconsciente la mamá, lleva dos días dormida".

El niño durmió a la madre-Llorona en un sueño eterno, la mató pero como le despertó la culpa persecutoria, el temor de que en retaliación la madre lo matara a él, la despertó, la revivió mágicamente, sin embargo, le ganó el deseo de matarla y la volvió a dormir, a matar.

Así fue como él construyó un objeto psíquico interno como la madre-Llorona dotándola de componentes destructivos, de deseos de desintegración hacia él, por lo que entabló una lucha interna por su supervivencia psíquica en la que expresaba su temor a ser aniquilado por ella, exteriorizó su rabia y su dolor, así como su anhelo de lavar sus culpas por sus deseos matricidas con miras a reivindicarse con ella a través de la psicoterapia psicoanalítica, pudiendo establecer una relación sosegada, segura, confiada, de tal forma que la madre-Llorona pasara de ser una madre-mala filicida a ser una madre-suficientemente buena.

Conclusiones y sugerencias

La vida psíquica con sus arquetipos se encuentra proyectada en las leyendas, mitos y cuentos y que éstos a su vez tienen relación con la vida fantástica del individuo, es decir, con la magia y el ensueño, lo dramático y trágico e incluso lo chusco de la vida. De esta manera las leyendas, cuentos y mitos son una forma de expresión del psiquismo en la que se busca inconscientemente revisitar de forma fantasmagórica la propia realidad psíquica que acecha permanentemente, dado que lo inconsciente es un eterno presente.

La transformación del filicidio en matricido a través del cuento permite que las pulsiones de muerte, las agresivas, en lugar de actuarlas, se expresen oralmente haciéndose un cambio de función de los conflictos inconscientes. Así, gracias a estas expresiones se puede tener el mejor equilibrio psíquico, entre la vida interna y la externa, entre el inconsciente personal y el inconsciente colectivo. Mismo que se plasma en la Llorona que busca apaciguarse manifestando su dolor y arrepentimiento al vagar por calles, valles y colinas clamando perdón, lavando su alma con su llanto y desgarrador lamento.

De esta manera, es deseable que las madres en lugar de actuar su enojo o coraje con los hijos procuren conocerlo y controlarlo para que cuando lo verbalicen, lo hagan de manera constructiva en lugar de actos que las lleven a descuidar, desproteger o poner en riesgo a los hijos ante el enojo que en un momento dado experimentan hacia ellos y que inconscientemente descargan en los llamados actos filicidas, que finalmente en muchos de los casos son actos sutiles, casi imperceptibles en los que descargan esta pulsión y que en retaliación los hijos vuelcan a su vez hacia ellas su pulsión matricida. Así, se protegen tanto el hijo como la madre de la culpa por actuar su pulsión agresiva.

Bibliografía

Anónimo (Sin fecha). *Leyendas de Guanajuato*. México: Ediciones Casa Valdés

Franco Sodja, C. (1993). *Leyendas Mexicanas de antes y después de la conquista*. México: Edamex.

Gamiz, E. (1979). *Leyendas Duranguéñas*. México: Editorial del Magisterio.

Garibay, Á. Ma. (1998). *Mitología Griega. Dioses y héroes*. México: Porrúa.

Martínez, J. (1998). *Leyendas Jiquilpenses*. México: Instituto Michoacano de Cultura.

Peniche, R. (2005). *Mitología Mexicana*. México: Panorama.

(http://arescronida.wordpress.com/2008/02/04/espectros-femeninos-de-america/).

La madre: la aparecida en los cuentos y los sueños de los niños

Patricia Landa Ramírez

Los cuentos de hadas, los sueños y las fantasías nos llevan a mundos lejanos, a mundos irreales, a través de los cuales podemos convertirnos en personajes maravillosos o malévolos como héroes, monstruos, hadas, brujas y demás. La fantasía es un medio que permite salir a la persona de la realidad amenazante y en el niño es una forma de resolver algunos conflictos o de entender su mundo interno. La fantasía busca crear soluciones a los problemas, ampliando su alcance al futuro para dar lugar a una nueva visión de la vida. La imaginación intenta en la mente anticipar nuevas soluciones y elaborar posibilidades (Landa, 2008).

El mundo de fantasía de un niño, con todos sus colores, resucita al pasado, manteniéndolo vivo mediante su conexión con el presente y, al hacerlo, aumenta la pasión del niño por la vida. La fantasía es la que permite al pasado no sólo permanecer activo sino también (potencialmente) ser remodelado y adquirir nuevo significado.

La creación de la fantasía es lo que establece vínculos con la realidad. La elaboración de la fantasía no sólo desarrolla la capacidad del niño para distinguir la realidad de la fantasía sino que también crea un espacio en donde los objetos son al mismo tiempo reales y no reales.

La vida de fantasía de un niño está surcada del proceso primario, el cual incluye lo preverbal, las imágenes, lo sensorial y lo afectivo, en comparación con el proceso secundario que se conecta con el principio de realidad y el campo verbal.

Los cuentos de hadas sirven a los niños porque en las historias que en ellos se presentan no se pretende describir al mundo tal como es, ni tampoco lo que debería ser. Si así fuera, el niño no podría colocar en ellos sus angustias y conflictos porque sería como la vida real (Bettelheim, 2004).

En el momento en que el cuento de hadas muestra un mundo en donde todo es posible se convierte para el niño en terapéutico, porque el niño encuentra sus propias soluciones a través de la historia que éste cuenta. Aparentemente, el contenido de la historia que el niño elige para que le sea contada, no tiene nada que ver con su vida real, pero poco a poco nos damos cuenta que está relacionado con su cosmovisión de su mundo interno y del medio ambiente que lo rodea. Cuando el niño está viviendo un problema que trata de resolver, le parece incomprensible y por tanto sin solución, por lo que en ocasiones el niño pide que dicha historia sea contada una y otra vez. A este proceso se le llama compulsión a la repetición (Freud, 1915 citado en González Núñez, 2002). De manera que el niño puede proyectar en el cuento sus problemas puestos en personajes, que en la vida real para él nada tienen que ver con las personas que ama, como son sus padres y/o hermanos. El cuento de hadas lejos de exigir algo, proporciona seguridad y da esperanzas respecto al futuro, pensando en la posibilidad de un final feliz.

En la mayoría de los cuentos de hadas aparecen princesas encantadas, hadas madrinas que cumplen sus deseos y príncipes o héroes que van al rescate, pero también brujas malvadas que aparecen para destruir los sueños y deseos.

A continuación se narran algunos cuentos clásicos que a los niños les encanta escuchar una y otra vez y en los cuales aparecen princesas, hadas, brujas y príncipes rescatadores.

El cuento de "La Bella Durmiente" narra lo siguiente: Había una vez un Rey y una Reina que tuvieron una hermosa bebé a la que bautizaron con el nombre de Aurora. En el banquete de celebración, los reyes invitaron a todas las hadas buenas del reino, que entregaron varios dones y regalos a la bebé. Maléfica, una bruja malvada irrumpió en la fiesta y furiosa por no haber sido invitada, lanzó a la princesa una maldición: "Al cumplir dieciséis años te pincharás el dedo con el huso de una rueca y morirás". Una de las hadas buenas, que aún no había dado un don a la princesa, contrarrestó la maldición diciendo: "Aurora no morirá pero caerá en un profundo sueño hasta que un beso de amor verdadero rompa el hechizo". El rey asustado por la maldición mandó romper todas las ruecas del reino y la princesa se fue a vivir con tres hadas buenas al bosque para que la bruja Maléfica no la encontrara. Al cumplir dieciséis años, se le hizo una gran fiesta y la bruja Maléfica disfrazada de anciana engañó a Aurora e hizo que se pinchara el dedo con una rueca que se encontraba en lo alto del castillo, cumpliendo así su maldición. Aurora cayó en un profundo sueño y las hadas buenas hechizaron el castillo junto con todos sus habitantes para que durmieran igual que la princesa. La bruja Maléfica puso un cerco de espinas alrededor del castillo para impedir el paso de cualquiera que deseara romper el hechizo. Finalmente un príncipe llamado Felipe logró pasar a través de las espinas pero la bruja Maléfica, convertida en un malvado dragón, luchó con el valiente príncipe. Éste logró vencer a la bruja convertida en dragón, encontró a la princesa y le dio un beso de amor verdadero rompiendo el hechizo, el cual despertó a todos en el reino. La princesa Aurora y el príncipe Felipe se casaron y vivieron felices para siempre.

Este cuento contiene elementos de transformación en donde la fantasía ayuda a entender la realidad de una niña que puede ver aspectos positivos y negativos de la madre convertida en bruja y la cual no le permite cohabitar con el padre, es entonces cuando las hadas buenas, es decir, la madre buena le presenta a un príncipe (que no es el padre) con el cual sí puede cumplir su deseo de amor verdadero. Se presenta un final feliz en el que la niña puede dejar que su padre y su madre continúen juntos y ella pueda encontrar a alguien adecuado para ella.

Los cuentos de hadas enfrentan al niño con realidades duras, que constituyen conflictos humanos básicos. Muchas de estas historias comienzan con la muerte de la madre o el padre, como en "Blancanieves", en donde aparece la madrastra = madre = bruja, que quiere matar a su hijastra. A esto Bloch (1997) lo llama miedo al infanticidio. En este cuento, Blancanieves se convierte en presa fácil de su madrastra por el solo hecho de ser más hermosa que ella y en el mundo no puede ser eso posible para la malvada bruja.

Había una vez una hermosa reina que deseaba tener una hija "con una piel blanca como la nieve, labios rojos como la sangre y cabello negro como el ébano". Al poco tiempo su deseo se cumplió y tuvo una preciosa hija a la que llamó Blancanieves. Tiempo después la Reina murió y el Rey se casó nuevamente. Pero la nueva Reina era malvada y envidiosa y pasaba los días contemplándose en un espejo mágico, preguntándole: "Espejito, espejito, ¿quién es de este reino la más hermosa?" y todos los días el espejo le respondía "Tú, mi Reina". El tiempo siguió pasando y Blancanieves siguió creciendo, poniéndose cada día más bella hasta que un día la Reina hizo a su espejo mágico la misma pregunta que hacía todos los días y el espejo contestó: "Blancanieves es la más hermosa". Furiosa y muerta de envidia la Reina mandó a un cazador a que llevara a Blancanieves al bosque y matarla, llevándole como prueba el corazón de la niña. El cazador, conmovido por la belleza e inocencia de Blancanieves la dejó escapar y llevó a la reina el corazón de un jabalí.

Blancanieves, muerta de miedo, llegó hasta una pequeña cabaña que pertenecía a siete enanitos, éstos la dejaron quedarse a cambio de que les ayudaran cocinando, limpiando y haciendo diversas tareas domésticas. Cada día antes de ir a trabajar advertían a Blancanieves que no debía dejar pasar a nadie y que debía de ser muy cuidadosa.

La Reina se enteró del engaño del cazador y decidió matar a Blancanieves, así que preparó una manzana envenenada, se disfrazó de anciana y se dirigió al bosque. Cuando llegó a la cabaña le ofreció a Blancanieves la manzana envenenada, ella la mordió y cayó en un profundo sueño.

Los enanos colocaron a la hechizada Blancanieves en una urna de cristal, hasta que un buen día un apuesto príncipe que paseaba por el bosque la vio y se enamoró de ella, levantó la urna y la besó en los labios rompiendo el hechizo. Blancanieves despertó y al ver al príncipe se enamoró automáticamente de él. Se casaron y vivieron felices para siempre.

En el cuento de "La Cenicienta" aparece la madrastra malvada que no quiere que Cenicienta se case con el príncipe, porque piensa que él debe casarse con alguna de sus hijas. En la mayoría de los cuentos el usurpador consigue, durante algún tiempo, arrebatar el puesto que legítimamente corresponde al héroe, como hacen las perversas hermanastras de Cenicienta. Pero también al rescate en dicho cuento aparece la graciosa Hada Madrina = madre buena, con su varita mágica que ayuda a Cenicienta a ir al baile como se muestra a continuación:

Hace mucho tiempo vivía un rico mercader junto con su esposa y su hermosa hija. La esposa del mercader enfermó de gravedad y murió poco tiempo después. Este volvió a casarse con una malvada viuda y sus dos horrorosas hijas. Las tres, celosas de la belleza de la hija del mercader la vestían con harapos y le encargaban todas las tareas de la casa, llamándola despectivamente Cenicienta.

Un buen día llegó a casa del mercader una carta del Palacio Real en la que se invitaba a todas las doncellas casaderas del reino al Baile del Príncipe.

Enseguida las hermanastras de Cenicienta corrieron a ver los vestidos que iban a ponerse, las joyas que iban a usar, etcétera. Cenicienta, ilusionada, fue a ver a su madrastra para pedirle que la dejara ir al baile, ésta le dijo que sólo iría si terminaba una gran cantidad de complicadas tareas y encontraba algo que usar. Para sorpresa de su madrastra y hermanastras Cenicienta logró cumplir con lo que le habían exigido, pero sus malvadas hermanastras rompieron su vestido y le prohibieron ir al baile. Cenicienta destrozada comenzó a llorar. En ese momento apareció su Hada Madrina, convirtió una calabaza en carroza, ratones en caballos y dio a Cenicienta un hermoso vestido y unas zapatillas de cristal. Dijo a Cenicienta que podía ir al baile con una sola condición, que regresara antes de las doce de la noche, porque a esa hora el hechizo se rompería. Cenicienta le dio las gracias y se marchó al baile.

Cuando el príncipe la vio, se enamoró enseguida y bailó con ella toda la noche pero cuando Cenicienta oyó las campanadas, huyó rápidamente dejando tras de sí una de sus zapatillas de cristal. El príncipe juró encontrarla y fue por todo el reino probándoles la zapatilla a todas las doncellas.

Cuando el príncipe llegó a casa de Cenicienta, su malvada madrastra la encerró y obligó a sus hijas a probarse la zapatilla, al ver que no lograban ajustar la zapatilla la malvada madrastra la rompió pero Cenicienta escapando de su encierro sacó la otra zapatilla y se la enseñó al príncipe. Éste la reconoció, se casó con ella y vivieron felices para siempre.

Hay situaciones que generan angustias profundas ya que dejan al protagonista en estado de desprotección. Muchas de las historias de los cuentos comienzan con una forzosa separación del niño y sus padres. Y en donde la madrastra o bruja de la casita de dulce quiere desaparecerlos, perdiéndolos en el bosque o engordándolos para comérselos, como en el cuento de "Hansel y Gretel" que se narra a continuación.

Hansel y Gretel eran los hijos de un pobre leñador. Temiendo el hambre, la mujer del leñador (madrastra de los niños) lo convenció para que llevara a los niños al bosque y luego los abandonara allí. Hansel y Gretel escucharon el plan de su madrastra y recogieron piedritas blancas, para dejar un rastro que les indicara el camino de vuelta a casa. A su regreso, la madrastra convenció de nuevo al leñador para abandonarlos; esta vez, el rastro que dejaron para encontrar el camino de vuelta eran migas de pan pero los animalitos del bosque se las comieron dejando a Hansel y Gretel perdidos. Mientras buscaban el camino de regreso encontraron una casita hecha de dulce que, por estar hambrientos, empezaron a devorar. Pronto oyeron una vocecita que decía: "¿Quién esta comiéndose mi casita de dulce?". Hansel y Gretel se asustaron mucho pero pronto se dieron cuenta de que la voz provenía de una anciana que los invitó a pasar. Sin embargo, la anciana resultó ser una malvada bruja que construyó la casa para atraer a los niños y luego comérselos. La bruja encerró a Hansel e hizo de Gretel su sirvienta. Cuando la bruja por fin decidió que Hansel estaba lo suficientemente gordito para comérselo, mandó a Gretel a calentar el horno, pero ésta logró engañar a la bruja para que metiera la cabeza en el horno y la mató. Así, Gretel liberó a su hermano y regresaron a la casa de sus padres quienes los recibieron con gusto y todos vivieron felices para siempre.

Prácticamente en todos los cuentos el bien y el mal toman cuerpo y vida en determinados personajes y sus acciones, del mismo modo en que están también omnipresentes en la vida real y cuyas tendencias se manifiestan en cada persona. Esta dualidad plantea un problema moral y exige una batalla para resolverlo.

Otro cuento más reciente, es decir, un cuento no clásico pero que también tiene personajes en los cuales el niño puede depositar sus pulsiones tanto agresivas como libidinales es el de la princesa Giselle del cuento "Encantada", en el cual se coloca a los personajes de un cuento de caricaturas, o sea, de un mundo animado a un mundo real, en donde los niños pueden identificarse con mayor facilidad con dichos personajes.

Giselle era una princesa que vivía junto con una ardilla llamada Pip (la cual podía hablar con la princesa) en Andalasia, un mundo animado de cuentos de hadas. Ahí conoció a Edward su verdadero amor y prometieron casarse. Pero la madrastra de Edward, la malvada Reina Narissa (Bruja) para impedir la boda y quedarse con el trono lanzó a Giselle a través de un portal mágico al mundo real a la ciudad de Nueva York. Perdida en esta ciudad Giselle conoció a Robert, un abogado, su pequeña hija Morgan y su prometida Nancy. Mientras tanto el Príncipe Edward y Pip se lanzaron a través del portal mágico en busca de Giselle. La reina Narissa (bruja) para impedir el rescate, mandó a su ayudante Nathaniel al mundo real para que eliminara a Giselle.

Nathaniel intentó deshacerse de Giselle en varias ocasiones para impedir que Edward la encontrara pero fracasó. Edward encontró a Giselle y la Bruja Narissa, al saber que esto sucedía, decidió que era tiempo de ir ella misma a solucionar las cosas.

Esa noche durante el Baile de Reyes y Reinas al que asistieron Robert y Nancy, Giselle y Edward, la malvada Narissa, disfrazada de viejita, envenenó a Giselle con una manzana encantada. Ésta cayó en un profundo sueño y Robert le dijo a Edward que la única manera de despertarla era con un beso de amor verdadero. Edward besó a Giselle pero el hechizo perduró. Robert se dio cuenta de que el verdadero amor de Giselle era él mismo y la besó rompiendo así la maldición.

La bruja Narissa, furiosa, se convirtió en un malvado dragón pero Robert, ayudado de Giselle y Pip, lograron vencerla. Giselle se quedó con Robert y su hijita Morgan en el mundo real y Nancy y Edward regresaron al mundo de cuentos de hadas donde se casaron y todos vivieron felices para siempre.

El papel de la madrastra y la bruja en los cuentos

Desde el punto de vista normal se dice que el papel de la bruja o de la madrastra consiste en provocar una desgracia y turbar la paz de la familia feliz. En los cuentos, la aparición súbita de la bruja o de la madrastra contiene en lo latente aquellos conflictos que perturban al niño en la relación que tiene con las personas importantes afectivamente para él, los cuales no puede resolver en la vida real. Es por esto que la fantasía le ayuda al niño a través de la misma historia de dichos cuentos a hacer un desplazamiento de madre a bruja, para lograr tranquilizarse porque pone en ese personaje fantasmagórico sus pulsiones agresivas.

Esto le permite tener una relación con su madre más tranquila y funcional, puesto que ya el cuento absorbió las fantasías agresivas, destructivas y autodestructivas.

Pero en la vida real también los niños pueden contar historias que muestran cómo les angustia la relación que pueden tener con su propia madre y narran historias de brujas que simbolizan a la madre, que aparecen y los asustan.

A continuación se narra el cuento de "Juan y la Bruja", que fue escrito por un niño de 12 años.

> Una vez un niño llamado Juan fue a un bosque a buscar leña. En su camino encontró un castillo y decidió entrar para ver qué había adentro. Al principio parecía que no había nadie, pero conforme fue avanzando empezó a escuchar voces, hasta que encontró un gran patio y en él había unos esclavos y de pronto apareció una bruja y empezó a maltratarlos. Al irse la bruja, Juan empezó a hablar con algunos de ellos y se puso de acuerdo para reunirse esa noche con todos, para intentar liberarlos de la malvada bruja. Al amanecer lucharon contra la bruja, pero cuando intentaron derrotarla, ella abrió un portal y se escapó. Todos los esclavos fueron liberados por el niño, regresaron con sus familias y el castillo fue destruido por todos los que habían estado en él (Creaciones de nuestros pequeños grandes escritores, 2003-2004).

Este cuento nos muestra la dificultad que Juan tiene para poder comunicarse con su madre, la visualiza como una bruja malvada que lo maltrata pero desplaza en los esclavos este sentimiento para ser ellos los maltratados y para no sentirse amenazado por ella. Le pone un final feliz en el que él quisiera resolver su conflicto con la madre sin matarla o destruirla, porque pone elementos de salvación a través del portal mágico.

Otro elemento importante que se debe tomar en cuenta, son los sueños de los niños que en algunas ocasiones pueden relacionarse con los cuentos de hadas. El sueño dibuja escenas; pone en imágenes pensamientos que están en su inconsciente, convirtiéndolos en vívidas escenas que él niño cree vivir. Esta puesta en escena pone de manifiesto lo que alguna vez se desarrolló en otro espacio y otro tiempo, en los niños puede darse en los restos diurnos. Así cuando el sueño es contado y escuchado por otros, permite al niño tranquilizarse y saber que eso no sucedió, que sólo fue un sueño (Blinder, Knobel, Siquier, 2004).

En los niños los sueños reflejan ante todo la preocupación por cambios en la familia: sentimientos hacia el nacimiento de un nuevo hermano, cambios de casa o de escuela, muerte de algún familiar cercano, la separación o el divorcio de los padres, la adopción y otros sucesos importantes.

Generalmente los niños cuentan sus sueños como si éstos fueran reales, porque así los viven y porque además son parte de su vida presente.

En muchas ocasiones los sueños de los niños son pesadillas en las que son perseguidos por monstruos, brujas o animales furiosos que intentan atraparlos para hacerles daño. Estos monstruos o personajes malignos se refieren a objetos internalizados malos. Para los niños las pesadillas son vividas como más reales debido a que se les dificulta distinguir entre la fantasía o la ficción y la realidad.

En los sueños de los niños las temáticas pueden ser diferentes pero principalmente en las pesadillas la aparecida es la madre convertida en una bruja malvada que quiere comérselos o los persigue, o puede ser transformada en otra cosa como un monstruo, una gran caverna muy obscura de la cual no pueden escapar.

En una sesión de psicoterapia infantil un paciente de 8 años, contó un sueño diciendo: "Soñé con una bruja con cara verde, nariz muy grande y un gorro negro que me perseguía y yo no sabía qué hacer y por más que corría ella estaba muy cerca persiguiéndome y desperté muy asustado gritándole a mi mamá".

En otra sesión psicoterapéutica con otro paciente de 6 años, contó el siguiente sueño: "Una noche una mujer estaba caminando por la calle, de repente me miró con sus ojos que estaban blancos y hacía caras feas, se movía su cuerpo como de chango y hablaba como el diablo, persiguiéndome por la calle. Y en mi sueño dije, mejor despiértate para que ya no estés con esa mujer fea y me desperté y ya no vi a esa mujer fea".

Al analizar estos sueños nos damos cuenta que la aparecida en ambos sueños es la madre, una convertida en bruja con cara verde y la otra en una mujer con ojos en blanco que hablaba como el diablo.

Si observamos la mayoría de las veces las pesadillas de los niños tienen personajes que en los cuentos de hadas han aparecido, por lo que pudiéramos pensar que para su elaboración es importante revisar qué tipos de cuentos les son contados, pero además tomar en cuenta que son conflictos internos del niño, que no han podido resolver y que de alguna manera tienen que salir. Así, los sueños igual que los cuentos son un medio más fácil de expresión para el niño, en los cuales depositan sus pulsiones agresivas sin que esto sea amenazante para ellos, porque en los sueños y en los cuentos pueden desplazar en otras personas sus sentimientos hostiles hacia sus seres queridos.

Conclusiones y sugerencias

1. El niño necesita que se le den sugerencias en forma simbólica del cómo enfrentar sus problemas y avanzar sin peligro hacia la madurez. Los cuentos de hadas suelen plantear de manera breve y concisa un problema existencial, lo que permite al niño atacar los problemas en su forma esencial, debido a que los personajes están muy bien definidos, o son buenos o son malos pero no son buenos y malos al mismo tiempo.

2. La aparecida en los cuentos y en los sueños es la figura de la madre con la cual el niño quiere reencontrar una solución a sus conflictos. Pero tanto en los cuentos como en los sueños la aparecida puede ser el hada madrina que son los aspectos buenos que el niño ve en su madre y la aparecida bruja son todos los aspectos malos que el niño no puede aceptar de su madre y por lo tanto los coloca en este personaje.

3. Los sueños y los cuentos son producto del inconsciente y por sí mismos son terapéuticos debido a que permiten al niño translaborar sus angustias, pulsiones agresivas, destructivas y autodestructivas.

Bibliografía

Bettelheim, B (2004) *Psicoanálisis de los cuentos de Hadas*. Barcelona, España: Biblioteca de Bolsillo

Bloch, D. (1997) *Para que la bruja no me coma*. España, México: Siglo XXI editores.

Blinder, C., Knobel, J y Siquier, ML. (2004) *Clínica psicoanalítica con niños*. España: Biblioteca Marova de estudios del Hombre.

Creaciones de nuestros pequeños grandes escritores (2003-2004) *Ellos también cuentan*. México: Grupo Sur Editorial, Océano

González Núñez, J.J.. y Rodríguez, M.P (2002) *Teoría y Técnica de la Psicoterapia Psicoanalítica*. México: Editorial Plaza y Valdés, Instituto de Investigación en Psicología Clínica y Social.

Landa, P. (2008). Psicoanálisis de los sueños de niños. Tesis para obtener el grado de Doctorado en Psicología Psicoanalítica. México: Instituto de Investigación en Psicología Clínica y Social

La fuerza emocional de la relación intersubjetiva del niño adoptado con sus padres y su relación con los cuentos

Alejandra Plaza Espinosa

En este trabajo se plantea que el niño adoptado puede establecer una relación emocional muy fuerte con sus padres adoptivos, tan fuerte que se pueda comparar con la relación consanguínea que hay entre padres e hijos biológicos. Situación que se vuelve un reto, ya que la relación de los padres e hijos adoptivos presenta una serie de dificultades particulares, que se pueden tratar de superar o por el contrario, volverse una desventaja. Se presenta la utilidad de mostrar estos eventos a través de los cuentos infantiles.

El cuento tiene muchas funciones: entretenimiento, contar la historia de algún suceso, transmitir creencias y vivencias populares, reunir a las personas, simplemente el placer de narrarlos y escucharlos, una de ellas muy importante es la función terapéutica. Ayuda, tanto al que narra el cuento como al que lo escucha, a elaborar, digerir, asimilar situaciones internas emocionales, que pueden ser conflictivas o simplemente son tareas de la vida a resolver.

En los cuentos encontramos personajes adoptados o que hacen las veces de haber sido adoptados, por ejemplo, Cenicienta, Pulgarcita, Superman, Harry Potter, entre otros. Esto se debe a la fantasía, muy frecuente en los niños, de ser adoptados. Tienden a identificarse con estos personajes que, desde su origen, sufren una serie de vicisitudes a las que deben sobreponerse y salir exitosos, lo cual demuestra su fortaleza y condición de ser una buena persona.

Existe una fantasía muy frecuente que en algún momento de la vida, los niños presentan. Imaginan que fueron recogidos de algún basurero o que los fueron a dejar en la puerta de su casa y que son adoptados, esto sucede cuando por alguna circunstancia fueron regañados injustamente o recibieron algún castigo que sienten que no merecen. En la Novela familiar del neurótico, Freud (1909) plantea que el niño tiene la sensación de que no le son correspondidas en plenitud sus inclinaciones, por lo que piensa que es adoptado o bastardo. De esta manera, la sensación de ser adoptado viene de una herida narcisista en la relación con los padres; esta sensación de menosprecio se transforma en un menosprecio a los padres, a los que se les sustituye por otros con una posición social más elevada. El niño fantasea con toda la serie de privilegios que tendría de vivir con sus padres biológicos. Las personas de las que recibe maltratos pagarán por sus ofensas, cuando se descubra su noble cuna.

El niño adoptado puede imaginar de una manera idealizada que tendría una vida feliz si estuviera con sus padres biológicos o tener la fantasía que en algún momento los va a encontrar e imaginar ese reencuentro, pensando que los padres biológicos le completarían cualquier falta.

El trabajo de los problemas emocionales de los niños en general y en particular de los niños adoptados es de gran utilidad porque el niño proyecta sus conflictos en los personajes de los cuentos, sin sentir que le atañen directamente a él. En los cuentos se utiliza algunos mecanismos de defensa como la proyección, al depositar en los personajes sus conflictos. Al escuchar, proyecta sus fantasías, deseos, temores y puede entender más claramente, pues es más fácil verlo en el otro. La proyección se utiliza como protección contra el hecho de ver cosas en uno mismo; aquello que no nos gusta o es amenazador para la autoestima es más fácil verlo en los demás. En los cuentos es posible proyectar en los personajes los propios temores, odios, envidias, entre muchos otros sentimientos, así como también sentimientos positivos, como amor, cariño, deseo y, al verlos en esos otros, el niño encuentra cómo los manejan, les afectan y qué hacen con ellos, esto es, gracias al cuento, los niños pueden tener más claro sus propios afectos.

También se utiliza la identificación, ya que el niño se visualiza como los personajes, en el caso que nos ocupa, con los niños adoptados que frecuentemente aparecen en los cuentos. El niño obtiene formas de resolución de sus problemas a partir de lo que hacen los personajes en los cuentos. Por ejemplo puede tratar de portarse bien como Pinocho para convertirse en un niño – hijo de verdad.

Un mecanismo de defensa al que se recurre en los cuentos es la escisión, ya que los personajes son muy buenos o muy malos. Generalmente, el personaje principal es muy bueno, a pesar de que le ocurren un gran número de problemas, pero nunca traiciona sus principios o valores y con su fortaleza sale avante. Esto ayuda a las personas a identificarse fácilmente con los buenos y a tener la esperanza que, si se actúa bien, se van a obtener cosas buenas al final.

La mala del cuento es la madrastra quien puede ser una bruja, como en Blanca Nieves, o simplemente una mujer envidiosa y egoísta, como en el caso de la Cenicienta. Ella es la encargada de hacerle la vida imposible a la heroína, que, en el fondo, representa a la madre que tiene envidia de su hija adolescente joven y bella. En los cuentos se proyectan las partes malas de los padres o de sí mismo, sea en los padrastros, en las brujas, en los ogros; mientras que las partes idealizadas y omnipotentes de los padres o deseadas para sí mismo, se proyecta en las princesas o príncipes, en las hadas, en los sabios hechiceros. Es doloroso ver la agresión de las personas que se quieren, sobre todo si son los padres, por esto la agresión se pone en los padrastros que reciben una lección de la vida. En la fantasía del niño, los padres reciben su merecido y deben aprender la lección, para que no los hagan sufrir.

Es difícil aceptar que las personas tienen partes buenas y malas, es tranquilizador estar cerca de los buenos, más aún, pensar que la misma persona es buena, con atributos positivos, aunque los eventos del exterior sean adversos, si se es bueno, al final todo se va a resolver. Así, es conveniente estar lejos de los malos, tenerlos ubicados y mantenerlos a raya, al fin, de todos modos les va a ir mal. No obstante, la realidad es otra, no siempre le va mal a los malos, ni bien a los buenos.

La relación intersubjetiva del niño y sus padres adoptivos

¿Qué sucede cuando realmente el niño es adoptado? El proceso de adopción es una situación emocionalmente difícil ya que representa la pérdida de los padres biológicos, quienes, aún cuando no hayan conocido a su hijo, saben que existió y pueden fantasear que su vida sería feliz de tenerlo con ellos. Para algunos niños adoptados, la fantasía de abandono de sus padres puede convertirse en una situación traumática, dependiendo de las condiciones de la separación. En todos los casos, existe una herida narcisista por no ser aceptado por sus padres biológicos. Por lo anterior, el niño adoptado tiene una serie de circunstancias a resolver que se pueden convertir en una desventaja o en una oportunidad para fortalecerse emocionalmente.

El hijo biológico tiene un vínculo creado por la sangre, por la estirpe, por el linaje, por los genes, este lazo crea en él la sensación de ser una extensión narcisista del padre. Para el hijo adoptado, no existe ese vínculo, se crea a través del afecto y de la relación de parentesco establecida por las leyes, cuando se adopta legalmente al niño, y por la función paterna ejercida por los padres.

Los padres adoptivos pueden depositar sus temores persecutorios en el niño adoptado. No saber acerca de la familia de origen puede ser un motivo de desconfianza, pueden temer acerca de las enfermedades o tendencias de los antecesores. Estos temores giran en torno a que los niños adoptados pueden provenir de ambientes con desventajas, tal vez tuvieron un cuidado prenatal pobre o ser hijos de madres inestables emocionalmente. En todo caso, no se sabe si en estas familias hubo desordenes genéticos. Todos los niños adoptados tienen una historia de pérdidas que pudieron vivir como situaciones traumáticas. Adicionalmente, los niños adoptados muestran una incidencia más alta de problemas de aprendizaje y déficits de atención, relacionados con baja autoestima. Todo esto desalienta a los padres a adoptar un niño (Fisher, 2001 citado por Ponder, 2008).

El reto fundamental en la adopción es trascender los temores, enojos, resentimientos y desconfianzas, para poder crear una relación intersubjetiva basada en afectos positivos, en el amor, en el deseo de tener un hijo, afectos que creen un vínculo fuerte, resistente, tan sólido como puede ser un vínculo de sangre.

La relación interpersonal se va creando a través de las primeras interacciones del bebé con la persona que lo cuida. Esta relación va conformando las primeras representaciones del Self y del Objeto, en una estructura diádica, que cristaliza esta interacción (Beebe, Lachmann, 2002).

Las experiencias de dependencia física constituyen un proceso activo de integración que forma una matriz, a través de la cual se crea el núcleo del que se desarrolla el sentido del Self (Stern, 1985/1991). El sistema del Self se constituye con las narrativas en las que las líneas de la historia requieren de la presencia real o imaginaria de otros que pueden comportarse de cierta forma que justifique o no esta historia y, por lo tanto, la validen o la invaliden (Cohen y Schermer, 2004).

Esta matriz brinda un recurso interno que permite lidiar con las experiencias difíciles de la vida, como son las pérdidas importantes (Craig, 2001). En el caso del niño adoptado, el proceso de adopción puede darse cuando el niño está conformando esta matriz relacional o cuando no está todavía suficientemente estructurada. El proceso de estar con el otro es un proceso activo de integración. En el caso del niño adoptado, dicho proceso se ve afectado por el cambio que implica la nueva relación con los padres adoptivos. En su personalidad, el niño adoptado debe realizar un proceso de integración de las primeras matrices relacionales que había establecido con los padres biológicos y los cambios que implica la nueva forma de relación con los padres adoptivos. Es fácil suponer que la primera relación con los padres biológicos tuvo una serie de situaciones difíciles, asociadas con la separación y la futura adopción, lo que determinaría ciertas características de la primera relación con la persona que cuidaba al bebé, especialmente matizada por el abandono.

Los padres adoptivos pueden validarle al niño la historia de que es un niño no deseado y que ellos también en un momento lo pueden abandonar. Pueden crear una matriz relacional en la que jueguen la contraparte del rechazo y la devaluación, haciéndole sentir que debería estar agradecido por haber sido adoptado.

En términos generales, cuando los padres deciden adoptar un niño, lo hacen porque desean tener un hijo y no pueden hacerlo, esta necesidad la llenan al adoptar. Tendrán una serie de fantasías acerca de lo felices que serían al tener un hijo, fantasías que finalmente tienen que confrontar con la realidad, así como sucede en el proceso de tener un hijo, puede venir una desilusión al no tener al bebé ideal que se había soñado.

Ponder (2008) ha planteado que un niño adoptado puede convertirse en un objeto de reemplazo del hijo biológico no – existente. Cain y Cain (1964) definieron el concepto del niño de reemplazo, cuando un niño viene a tomar el lugar de un niño muerto, al que se ha investido narcisísticamente de manera intensa.

De la misma forma, en el niño adoptado se depositan toda clase de idealizaciones y de expectativas después de un largo periodo de una infructuosa búsqueda de embarazarse, a través de la cual van creciendo las fantasías acerca de todas las bondades que traerá consigo dicho niño. (Lord, 1991; Anisfeld y Richards,2000)

La realidad se va haciendo patente, en el mejor de los casos, el niño es normal. Sin embargo, el bebé recién llegado no cubre todas las necesidades de los padres adoptivos, ni compensa el difícil periodo de sufrimientos para lograr la concepción.

Como ya se ha mencionado, es frecuente que el niño adoptado tenga desventajas en relación a los demás niños, por el abandono que sufrió de sus padres biológicos. Esta desventaja contrastada con las expectativas de los padres adoptivos, hace más notorias las diferencias. Por lo que la adaptación debe pasar por un proceso de desilusión y duelo.

El niño adoptado tiene sus propias características, con una historia particular que lo hará diferente del hijo biológico. Tiene una historia de abandono y una herida narcisista de la que se debe recuperar. También los padres adoptivos deben recuperarse del dolor de no haber podido engendrar un hijo biológico, si este es el caso. No obstante, la relación puede ser tan cercana como la de un hijo biológico, si la relación intersubjetiva de afecto y la relación de parentesco logran sustituir al vínculo biológico.

En los padres adoptivos puede prevalecer el agradecimiento, la emoción y la felicidad de finalmente ser padres. Por el lado del niño adoptado, también hay una parte de agradecimiento por el afecto que se recibe y por poder tener padres, estos afectos pueden constituir una relación que construya un sujeto deseado, narcisizado, cargado afectivamente de amor.

Todos los niños tienen heridas narcisistas que curar, desde el momento que no logran completar a sus padres, lo que es parte del desarrollo y que saca a la persona de una esfera de omnipotencia.

Todas las relaciones humanas tienen retos a resolver y se van construyendo en la relación con el otro, de la misma forma el niño adoptado, va construyendo su propio mundo de relaciones interpersonales en primer lugar con los padres adoptivos.

En los cuentos se privilegia la relación intersubjetiva, es decir, la relación entre dos personas en la que cada uno pone su propia subjetividad. Después de todos los avatares, el éxito se obtiene al encontrar a la persona con la que se compartirá la vida. Se plantean historias de crecimiento y desarrollo en las que los adolescentes de los cuentos clásicos tienen que dejar a la familia de origen, después de enfrentarse a las brujas y madrastras o a los dragones u ogros que son los padres, que no los quieren dejar crecer y no les permiten encontrar el amor. Al dejar a la familia, encuentran una pareja y forman su propia familia, lo cual significa que dejan a los padres para ser felices. Este proceso para el joven adoptado puede ser particularmente difícil, ya que le revive el primer abandono. Puede temer a la separación con los padres adoptivos o temer al abandono de la pareja potencial, lo cual determina una dificultad para dejar a los padres adoptivos. Las separaciones reviven el primer abandono vivido por los padres biológicos. El duelo por la primera relación con los padres biológicos ayuda a elaborar dicha separación, para permitir separaciones futuras.

La violencia psíquica de la adopción

La pérdida de los padres en la infancia representa una ruptura narcisística, debido a que el elemento de pérdida importante es la relación con la madre como Yo-ideal (Blinder, Knobel , Siquier, 2004). La madre, como una fuente de placer, de tranquilidad, de leche y de amor incondicional, termina y se establece una nueva relación intersubjetiva con una madre adoptiva, con la que no se sabe si se podrá entablar una relación de amor incondicional. Este hecho acrecienta el miedo a la separación y a vivir un nuevo abandono.

El niño adoptado se pregunta ¿mis padres adoptivos me quieren realmente? Es difícil la aceptación del amor de los padres adoptivos, porque el niño piensa "si mis padres biológicos, no me quisieron, ¿porqué estas personas van a quererme y a permanecer conmigo?, posiblemente me abandonen". Una variante de este temor está relacionada con la sensación de que sus padres adoptivos nunca lo van a querer como si fuera su hijo biológico.

El proceso de adopción puede ser tan intenso emocionalmente que es posible afirmar que existe violencia psíquica, desde el momento que el niño no está preparado para dejar a sus padres y tiene que cambiar de relación de objeto (Martín, 2004).

Además de las tareas normales de la infancia, el niño adoptado tiene que resolver otros conflictos como la sensación de no ser querido por nadie, ya que sus propios padres no lo quisieron. Esta situación puede provocarle enojo por haber sido abandonado. El desprecio, el abandono, el sentirse no querido lo llena de rabia contra sus padres biológicos, sin embargo, ellos ya no están, ahora sólo lo puede descargar con sus padres adoptivos, representantes de los originales, o dirigirlo a sí mismo, reforzando esta sensación de no ser merecedor de amor y culpable por el mismo sentimiento.

Los padres adoptivos suelen tener la idea de que el niño adoptado debe estar contento con lo que se le da, inclusive, pueden pensar que tener un hijo adoptado no implica tanto compromiso como un hijo biológico, porque lo que se le da es ganancia. Tienen la idea de que el niño, con sus padres biológicos carecería no sólo de confort económico sino de una buena relación con los padres. Esta situación de poco compromiso es devastadora de la relación porque implica un lazo emocional débil, que genera enojo y reedita la relación original en donde el niño no es suficientemente importante.

Es una tarea emocionalmente difícil construir una relación intersubjetiva de confianza y cariño, cuando hay todos estos afectos, temores y fantasías, tanto en el niño como en los padres adoptivos.

Uno de los sentimientos que causa una fuerte sensación de malestar en el niño adoptado es el temor de que en cualquier momento la relación puede terminar, porque los padres adoptivos pueden cansarse de él y abandonarlo, tal y como sucedió en el pasado. Los padres adoptivos comparten este temor, pueden sentir que el niño los odia por no ser los padres biológicos, por lo que, cuando tenga la edad suficiente se irá y nunca lo volverán a ver. También pueden temer que los padres biológicos aparezcan y se lleven a su hijo.

La dificultad para el establecimiento del vínculo de apego entre los padres e hijos adoptivos se hace mayor, debido a que no cuentan con un periodo de gestación en el que se van preparando para ser padres (Sherick, 1983).

Todos estos temores de abandono y de separación se generan aparentemente por la ausencia de vínculo de sangre, sin embargo, la dificultad está en el establecimiento de una nueva relación intersubjetiva sobre la sensación de abandono, tristeza y pérdida de la relación con los padres biológicos.

La adopción y el Complejo de Edipo

En Edipo Rey, tragedia griega de Sófocles (430 al 415 a.C./1984), Edipo es adoptado. Las predicciones del oráculo decían que Edipo iba a matar a Layo, su padre biológico e iba a cohabitar con su madre Yocasta. Por lo que lo manda matar, situación que salva y es adoptado por otros padres. Sin saber que era adoptado va a cumplir su destino, regresa a Tebas, donde están sus padres biológicos. ¿Si Edipo hubiera tenido relaciones con su madre adoptiva hubiera cometido incesto? Haciendo alusión a la idea de incesto, Freud (1912), al hablar de las tribus primitivas, dice "todos los que descienden del mismo tótem (animal que se considera un antepasado) son parientes por la sangre, forman una familia y en ésta, aún los grados de parentesco más distanciados, se consideran un impedimento absoluto para la unión sexual". Este es el elemento fundante del complejo de Edipo y de la cultura.

En la mente de la persona que cree que la madre adoptiva es la madre biológica, se cometería incesto. ¿Será que la prohibición del incesto tiene base en la relación de parentesco, más que en lo biológico? Este aspecto lo ha tratado antropológicamente Levi Strauss (1973/2008), al plantear que más que el argumento biológico en cuanto a que el horror al incesto tiene base en los problemas genéticos que resultarían de dicha unión sexual, su fundamento está en el lenguaje y en las relaciones de parentesco.

Uno de los tópicos complejos del niño adoptado es la posibilidad en la mente: ¿se puede tener relaciones sexuales con los padres adoptivos, sin cometer incesto, cuando no existe una relación consanguínea? o ¿están prohibidas las relaciones sexuales por la relación de parentesco que hay entre padres e hijo adoptado?, ¿matar al padre adoptivo sería parricidio o es un asesinato? El planteamiento es que la prohibición del incesto va más allá del lazo consanguíneo, tiene que ver con la relación de parentesco que se da en la mente de la persona, por lo que, de ser el caso, se comete parricidio o incesto con los padres adoptivos.

De esta forma seguimos sustentando la idea de que el vínculo a través de la relación de parentesco puede ser tan fuerte como el vínculo consanguíneo, así la relación interpersonal y la relación de afecto puede estructurar a la persona. De esta forma, la persona adoptada se constituiría con una relación intersubjetiva de apego con los padres adoptivos, para fundarse como un sujeto, con la particularidades que le da el ser adoptado. Pero con la confianza de tener un lugar, de ser amado y deseado. Puede desarrollar confianza en la fortaleza de dicha relación y disminuiría la sensación de desventaja que implica ser adoptado. Esta situación puede parecer ideal, y tal vez lo sea, en cuanto a que queda la cicatriz del abandono primordial, pero este es un reto a resolver.

Para fortalecer la relación entre padres adoptivos y el niño es fundamental la actitud de los padres de desear tener un hijo, de enfrentar sus temores y construir una relación emocional fuerte y de confianza.

¡Vuela Mamá!

A continuación se presenta un cuento cubano, cuya autora es Niurki Pérez, (1990; Quiroz, 2007) en el que se plasma el gran deseo de una madre adoptiva por tener un hijo y la potencial fortaleza de la relación intersubjetiva entre la madre y el niño. A pesar de las propias características del hijo adoptivo y del entorno, esta madre fue creando una relación de confianza que redundó en que su hijo regresara con ella. Dice así:

De la gallina todos en el corral se burlaban porque nunca puso un huevo. Para poner fin a tanta vergüenza, decidió suicidarse. Fue hasta el río cerca con su corriente mansa y metió una pata con cuidado:

—¡Brr!, está muy fría. Si me tiro seguro me da catarro. Morirse está bien, pero el moquillo no lo soporto… Mejor vuelvo cuando haya más calor. De regreso tropezó con algo entre la hierba:

—¡Pero si es un huevo…! Y el cacareo se le puso cariñoso:

—¿Quién te abandonó en un lugar tan húmedo? ¿No tienes quien te cuide? ¿Quieres que yo sea tu mamá?

Y antes de que el huevo pudiera responder, se le sentó encima para darle calor.

En el corral pronto se enteraron de que en la orilla del agua la gallina calentaba un huevo ajeno, y allá fueron todos a darle consejos:

—¿Para que pierdes el tiempo en un huevo que no es tuyo? Eso es un error.

—Mejor lo dejas, no tienes un certificado que asegure que es de gallina. Puede ser un cocodrilo.

—El que da pan a perro ajeno, pierde el pan y pierde el perro.

—Yo estoy segura que en este huevo no hay perro –contestaba–. Y ella tenía razón…

En el huevo había un pato que nada más rompió el cascarón se lanzó al agua.

A la gallina le dio un desmayo, pero a las dos semanas había comprendido que la mejor forma de educar a un pato es en el agua y hasta tomaba lecciones de natación con su hijito, al que luego le enseñaba a escarbar la tierra en busca de lombrices y semillas.

Un día se acercó una garza muy sabia y observó al patito del pico a la cola con ojo experto:

—Es un pato salvaje –dictaminó–. Aprenderá a volar y otra vez te quedarás sola…

—Mamá, ¿qué significa volar? –preguntó el patito, que nunca había notado la diferencia entre él y su madre–.

—Es algo muy importante que debes aprender sin falta cuando te crezcan las alas.

—¿Tú me enseñarás?, ¿es mejor que nadar?, ¿tú has volado mamá?

—Lo más alto que yo he volado es una cerca. Pero tú tendrás todo el cielo para ti.

En el otoño, el patito, que era todo un pato verde con un anillo verde en el cuello, se fue:

—Te quedaste sola –le dijeron sus vecinas– ¡Habrás aprendido!

Pero la gallina no aprendió nada. Volvió a encontrar otro huevo abandonado. Al llegar la primavera regresó su hijo mayor a encontrarse con ella. Al cabo del tiempo tenía una extensa y cariñosa familia de patos verdes.

En este cuento podemos ver la gran necesidad de ser madre de la gallina, a quien no le importó si estaba empollando un cocodrilo. Ella deseaba tener un hijo y aunque la desalentaran, empolló, cuidó y educó a su patito, inclusive tomó clases de natación para enseñarle. La gallina no le impidió el crecimiento al patito. Imaginando que con tal de que se quedara, la madre podría haber impedido que aprendiera a volar, pero no lo hizo, lo dejó que fuera independiente. La gallina tuvo que elaborar el temor a la separación cuando la sabia avestruz le dijo: es un pato salvaje y aprenderá a volar y te quedarás nuevamente sola. La gallina no lo abandonó, le permitió desarrollar su propia personalidad. Le enseñó a sacar gusanitos de la tierra, eso es lo que ella sabía hacer, es decir, le dio elementos para que se identificara con ella sin castrarlo en sus propias potencialidades, lo dejó primero nadar y luego volar. Aún contra los temores ante la separación que presentan los padres e hijos adoptivos.

También vemos al pato que siguió los instintos propios de su especie nadó, voló y se fue, pero regresó con su madre. De esta forma, ni el pato murió abandonado y la gallina no estuvo sola, por el contrario fue feliz, cumplió el deseo de ser madre y los dos formaron su propia relación emocional con las particularidades de la subjetividad de cada quien. Fue más fuerte el vínculo afectivo entre ellos aunque pertenecieran a diferentes especies. Este cuento nos hace evidentes algunas de las tareas fundamentales a enfrentar en la adopción.

Tareas a resolver en el proceso de adopción

Son las siguientes (Martín, 2004):

- La integración de distintos momentos de la historia.
- Los cambios importantes en el proceso identificatorio.
- Elaborar el conocimiento de sus orígenes.
- Formar de nuevos vínculos familiares y transgeneracionales.
- La elaboración de las carencias sufridas en las primeras etapas de la vida, entre otras.

El niño adoptivo puede sentir que la vida le debe algo e ir creando una historia, en la que él es la víctima, lo que lo llevará a asumir un papel de sufrimiento. Sin embargo, una relación emocional con sus padres adoptivos de aceptación puede ayudarle a crear una historia, en la que pueda asumir sus enojos con los padres biológicos y responsabilizarse de ellos.

Es necesario fortalecer el vínculo afectivo con los padres adoptivos para crear una nueva relación intersubjetiva que consolide una personalidad estructurada, para esto, tanto los padres como los niños adoptados deben enfrentar las siguientes situaciones:

- El niño debe saber que es adoptado, para poder enfrentar la realidad.
- Es necesario elaborar el duelo por la pérdida de los padres biológicos.
- Se debe trabajar para metabolizar la sensación de abandono.

- Buscar la creación de un nuevo vínculo y una nueva relación afectiva con los padres adoptivos.
- Los padres deben elaborar el duelo de no tener hijos biológicos, para superar el enojo, la tristeza y la herida narcisista que lo anterior representa.
- Padres e hijos deben trabajar con las fantasías generadas, para digerir temores, enojos y reparar el propio Self.

Se puede fortalecer el vínculo afectivo con los padres adoptivos a través de la elaboración de la sensación de abandono, incluidos todos los afectos relacionados, para depositar, en un primer momento, la rabia en los padres biológicos y no desplazarla a los padres adoptivos. Elaborar el enojo con los padres biológicos y rescatar de ellos lo que le permita a la persona adoptada vivir sin el temor a la separación.

González Núñez (1998, 2004a, 2004b) ha planteado que los padres pueden ser guardianes de la sexualidad, cuando se ha internalizado una relación con ellos, situación que les permitirá sentirse libres y confiados para disfrutar de la sexualidad. Aplicando este concepto a la relación emocional entre padres e hijos, se puede establecer una relación con los padres adoptivos en la que se vuelvan guardianes de la tranquilidad interna, cuando se ha establecido una relación interpersonal fuerte que los acompañe desde dentro. Los padres adoptivos pueden convertirse en guardianes de esta sensación con sus hijos.

Así como nadie es perfecto, la empatía parental, la sintonía y un lazo suficientemente bueno puede ayudar a que el niño adoptado se transforme de sentirse no deseado a sentirse deseado (Miles, 2000, citado por Ponder, 2008). De la misma forma, la propia imagen de los padres adoptivos se puede transformar de padres que no fueron capaces de tener un hijo, a padres que ejercen esta función con cariño (*Ibid*).

Así como la personalidad se va construyendo desde el deseo de los padres cuando esperan al bebé, así se puede ir construyendo la personalidad del niño cuando se decide la adopción y se espera que llegue el momento de tenerlo en casa. La gallina no esperó a que el huevo le dijera porque estaba en ese lugar tan húmedo y se dedicó a empollarlo, se dedicó a desearlo. De esta manera, el deseo y el afecto de los padres adoptivos puede construir una relación intersubjetiva suficientemente fuerte, que narcisice al niño y así se sienta querido. La vida del niño adoptado es el que va construyendo una noción de ser el personaje importante de la historia, tal vez por la fortaleza con la que va enfrentando las adversidades y por la confianza en el amor de los padres adoptivos.

Para finalizar, por todo lo anterior, podemos plantear que los cuentos tienen una función terapéutica a nivel individual y sobre todo a nivel social. Para cada persona, los cuentos preferidos curan el alma, así una de las labores del historiador, del narrador de cuentos es curar el alma del niño y los padres adoptivos y en general de la sociedad.

Conclusiones y sugerencias

El niño adoptado y los padres adoptivos pasan por una serie de vicisitudes que les dificultan establecer una relación sólida. La ausencia del vínculo de sangre, aunado al abandono del que fue objeto, crean un fuerte temor a la separación.

No obstante, la fuerza emocional de la relación creada por la necesidad del niño de tener unos padres que lo quieran y la necesidad de los padres de tener hijos a quien querer y cuidar, puede trascender el dolor de la separación de los padres biológicos y conformar una personalidad en el niño adoptivo de confianza en la fortaleza de la relación.

La lectura de los cuentos es un vehículo ideal para trabajar la relación emocional del niño con sus padres adoptivos, a través de la cual, pueda historificar su vida en la relación con el otro, que le valida que tiene un lugar de importancia, por lo que no será nuevamente abandonado.

Para la buena relación entre padres e hijos adoptados, es necesario que los padres estén convencidos de ejercer el rol paterno con todas sus responsabilidades y consecuencias para hacer sentir al hijo adoptado que realmente es querido y deseado.

Los padres adoptivos en cuanto respeten la personalidad del hijo, lograrán que su desarrollo sea más sano tanto física como mentalmente.

Bibliografía

Anisfeld, L. & Richards, A. (2000). The replacement child: Variations on a theme in history and psychoanalysis. *The Psychoanalytic Study of the Child*; 55 pp. 301-318. EUA.

Beebe, B.; Lachmann, F.M. (2002) *Infant research and adult treatment. Co-constructing interactions.* USA: The analytic press.

Blinder,C.; Knobel, J.; Siquier, M.L. (2004) *Clínica psicoanalítica con niños.* España: Síntesis.

Cain, A. & Cain, B. (1964). On replacing a child. *Journal of the American Academy of Child Psychiatry*, 3: EUA. pp. 443-456.

Cohen, B.; Schermer, V. (2004) Self transformation and the unconscious in contemporary psychoanalytic therapy. En *Psychoanalytic Psychology,* de la División de Psicoanálisis de la Asociación psicológica americana. Vol. 21, No. 4, Otoño. EUA.

Craig, G. (2001) *Desarrollo Humano.* México: México: Pearson Educación.

Fisher, S. (2001). Discusión de Siegel and Siegel's "Adoption and the enduring fantasy of an idealized other." *Progress in Self Psychology*, 17. pp. 149-156. EUA.

Freud, S. (1909) *La novela familiar de los neuróticos* . Obras Completas, Tomo IX. Argentina: Amorrortu.

Freud, S. (1912) *Tótem y Tabú.* Obras Completas, Tomo XIII. pp. 15,16. Argentina: Amorrortu.

González Núñez, J.J. (1998) *Expresiones de la sexualidad masculina. Normalidad y patología.* México: Instituto de Investigación en Psicología Clínica y Social.

González Núñez, J.J. (2004a) *Relaciones Interpersonales.* México: Manual Moderno.

González Núñez, J.J. (2004b) *Conflictos masculinos.* México: Plaza y Valdés, Instituto de Investigación en Psicología Clínica y Social.

Lévi-Strauss, C. (1973/2008) *Antropología Estructural.* México: Siglo XXI .

Lord, R. (1991). Adoption and identity. A case study. *The Psychoanalytic Study of the Child*, 46. pp. 355-367. EUA.

Martín, M. (2004) Violencia psíquica y adopción. Trabajo presentado en el Coloquio Internacional IIPCS México.

Pérez, N. (1999) Cuento: Vuela mamá. En "Cuentos Patatos". *Revista Bohemia* Año 82, No. 32. pp. 29. Cuba.

Ponder, J.A. (2008) The Adopted Child as a Replacement Object for the Non-Existent Biological Child. Conferencia presentada en el Congreso Anual de la División 39 de la APA. Nueva York, EUA.

Quiroz, S. (2007) Comunicación personal en relación a los cuentos sobre adopción. Coordinación Difusión Cultural, UVM Chapultepec. México.

Plaza, A. (2007) Identidad personal e identidad psicoanalítica, en el libro González, J.J. *Sintonía y distonía en la afectividad masculina.* México: Instituto de Investigación en Psicología Clínica y Social.

Sherick, I. (1983). Adoption and disturbed narcissism: A case illustration of a latency boy. *Journal of the American Psychoanalytic Association*; 31. pp:487-513. EUA.

Sófocles, *Edipo Rey* (430 al 415 a.c./1984) Colección lectura para todos No.2. México: Universidad Autónoma de Sinaloa.

Stern, D. (1985/1991) *El mundo interpersonal del infante.* Argentina: Paidós.

Stolorow, R., Atwood, G. (1992) Contexts of Being. The intersubjective Foundations of Psychological Life. *Psychoanalytic Inquiry Book Series* Vol 12. London: The Analytic Press.

Cómo lograr el crecimiento en casa hogar, análisis del cuento de "Peter Pan"

Adriana González Padilla
Cecilia Reyes Torres

Resumen del cuento de Peter Pan

Es la historia de unos niños ingleses (Wendy, Michael y John) que una noche, después de recibir la visita de un extraño ser que tiene poderes mágicos y llamado Peter Pan, vuelan mágicamente con él hasta llegar al País de "Nunca Jamás" (en el que los niños nunca crecen). Ahí, acompañados por el hada Campanita, viven divertidas y peligrosas aventuras entre fieras, indios y piratas capitaneados por un supervillano llamado capitán Garfio.

Acto primero: El cuarto de los niños

Michael y Nana (nodriza) pelean porque el primero no se quiere bañar.

El señor Darling (padre de los niños) entra a la recámara, se dirige a su esposa para quejarse que la corbata no se deja anudar a su cuello; en tanto, la señora Darling ya está vestida para ir a la cena proyectada para esa noche y deja la ventana abierta.

Después de la cena, la señora Darling le cuenta a su esposo acerca de la extraña aparición de un chiquillo, quien acompañado de una luz diminuta, recorrió la habitación.

Mientras tanto, Peter Pan tras la ausencia de los señores Darling, ingresa a la casa, juntamente con Campanita, en busca de su sombra. La encuentra, y del gusto, olvidó que Campanita quedó encerrada en el cajón dónde se alojaba su sombra. Intentó cerrar la ventana y quiso unirse a Campanita por medio de una pastilla de jabón y al no lograrlo se sentó a llorar.

Wendy (la hija mayor de los Darling) se despertó y ofreció ayudarle a hilvanar su sombra.

Concluida la labor, Peter Pan relató cómo se había escapado del jardín Kensington donde vivía, al escuchar a sus padres conversar sobre lo que éste sería al llegar a ser grande. Esta idea le desagradó a Peter Pan por lo que huyó de su hogar y partió al País de las hadas, asimismo refirió que al escuchar a la señora Darling relatar cuentos a sus hijos, quedó prendado de ellos.

Un día Wendy le relató el cuento de la Cenicienta y Peter Pan quedó fascinado a tal grado que decidió contarlo a otros niños. Ante la sorprendente e inesperada partida de Peter Pan, Wendy se ofrece a contarle a él y a los demás niños todos los cuentos que conoce. Acto seguido, Peter Pan espolvorea a los niños con polvo de hadas para poder volar.

Acto segundo: El país de nunca jamás

Los niños esperan ansiosos la llegada de Peter Pan al País de Nunca Jamás. Sin embargo, durante la espera escuchan cantar a los piratas. Estos arriban a Nunca Jamás. El pirata Garfio reseña a su ayudante Smee las peripecias que vivió al ser perseguido por un cocodrilo, el cual le cortó un brazo y se lo tragó con todo y reloj. Garfio relata cómo el tic tac del reloj en el estómago del cocodrilo le avisa de su presencia.

Los niños, por su parte, salen de sus escondites, escuchan el tintineo de Campanita quien, por celos, les comunica el deseo de Peter Pan de matar a Wendy. Lelo apunta con su arco y da en el blanco, Wendy cae al piso.

Peter Pan, sin saber lo ocurrido, llega con sus amigos y les da una gran noticia, "Wendy será la mamá de todos". Los niños al enterarse se preocupan por la forma en que puede reaccionar Peter Pan al conocer lo sucedido. Éste se entera de lo acontecido y se acongoja.

Wendy se despierta e impide que castigue a Lelo, quien creía haber matado a Wendy.

Finalmente los niños y Peter Pan le construyen una casa a Wendy para que la comparta con ellos, pues la eligen como madre por su actitud maternal y su dulzura. Wendy acepta y de inmediato se da cuenta que necesita no sólo de dulzura sino también de firmeza.

Acto tercero: La laguna de las sirenas

Wendy y los niños han acudido a la Laguna de las sirenas con la esperanza de atrapar a alguna. En sus intentos llegan al peñasco del abandonado (lugar en donde los marineros dejan a los prisioneros para que al subir la marea perezcan), aparecen los piratas con Trigidia, una piel roja que han capturdo.

Peter Pan y Wendy desean salvar a Trigidia y astutamente Peter Pan imita la voz de Garfio ordenándole a Smee que la libere. Smee obedece y Trigidia escapa.

Entre tanto, Garfio se acerca abatido porque ha descubierto que los niños tienen a Wendy como madre. Smee sugiere raptar a Wendy y erigirla madre de los piratas, Garfio acepta. Acto seguido, Garfio pregunta a sus compañeros piratas por Trigidia, le responden que acatando sus órdenes la han dejado en libertad, Garfio, desconcertado, niega tal disposición y entabla una conversación con el que supone es el espíritu de las aguas, no sabiendo que es el mismísimo Peter Pan quien imita su voz.

Sin embargo, finalmente Peter Pan revela su identidad y comienza la pelea entre los niños y los piratas, concluyendo ésta cuando el cocodrilo emerge de las aguas persiguiendo a Garfio. Aún así, Wendy y Peter Pan corren peligro al haberse quedado sobre el peñasco de los abandonados, empero, ambos son rescatados; ella por la cometa y Peter Pan por un nido de pájaros.

Acto cuarto: La casa subterránea

Los niños están extraviados, llegan a la casa del árbol, ahí Wendy y Peter Pan cenan imaginariamente. En la parte superior de la casa, los Pieles Rojas cuidan de Wendy y de Peter Pan, quien ahora es el padre blanco. Llegada la hora de dormir, Wendy relata a los niños un cuento, éste versa sobre la llegada de ella y sus hermanos al País de Nunca Jamás, asimismo expresa su deseo de regresar a casa con su madre, quien, según ella, tendrá las ventanas abiertas con la esperanza de su pronto retorno. Peter Pan está en desacuerdo con ella, él regresó a casa y encontró la ventana cerrada y a un niño ocupando su cama.

Pese a lo expresado por Peter Pan, Wendy reitera su deseo de volver. Invita a los niños perdidos a seguirla y solicita ayuda a Peter Pan. Ambos aceptan, sin embargo, momentos antes de partir, escuchan una pelea entre los Pieles Rojas y los piratas, los niños asustados se acercan a Peten Pan. Este escucha atentamente e imagina que la batalla llegó a su fin y presupone que por su triunfo los Pieles Rojas tocarán su Tamtan. Garfio ha escuchado los pensamientos de Peter Pan y le tiende una trampa, toca el Tamtan para que los niños salgan y atraparlos.

Garfio logra su objetivo, se lleva a Wendy a la casita y la mantiene encerrada, localiza a Peter Pan, quien duerme y sueña con el niño que de verdad sería. Para que Peter Pan no pudiera rescatarles, el capitán Garfio decidió envenenarle con la medicina que había dejado Wendy para éste, bebida que ingiere Campanita para salvar a Peter Pan.

Peter Pan se conmueve con el gesto de Campanita y les pide a los niños que para salvarla lo único era que todos los niños creyeran en las hadas y en el poder de la fantasía, y así es como, gracias a los niños, Campanita se salvó.

El cuarto de los niños y las copas de los árboles

Tanto la señora Darling como Nana tienen la esperanza de que los niños regresen y por esa razón dejan la ventana abierta.

El señor Darling está arrepentido y con sentimientos de culpa por lo que ha cambiado de actividades y de lugar con Nana, él es quien se ocupa de trabajar en la casa de la perra y Nana ocupa su lugar en la mesa.

Ya es tiempo de volver al hogar y Peter Pan intenta convencerlos de que se queden con él, sin éxito alguno, se adelanta y llega a casa de los Darling antes que ellos. Está dispuesto a cerrar la ventana y atrancarla para que Wendy crea que su madre se ha olvidado de ella, se arrepiente cuando ve a la señora Darling llorando. Wendy llega junto con sus hermanos sorprendiendo a su madre, quien por un momento cree que sueña nuevamente con la llegada de sus hijos.

Acto quinto: El barco pirata

Los niños han sido atrapados por Garfio, los tiene en el barco pirata. Llega Peter Pan para salvarlos, acribilla a todos los piratas que encuentra a su paso. Los piratas descubren los cadáveres y se horrorizan.

Garfio, al inspeccionar el barco, descubre a sus secuaces muertos. Los niños se han percatado de que tal hazaña es obra de su amigo Peter Pan, pero fingen estar asustados. Finalmente se enfrentan Peter Pan y Garfio, éste ha decidido volar el barco, pero Peter localiza la bomba y la arroja al mar. Garfio desesperado se lanza a las fauces del cocodrilo y es devorado por éste.

Un año después, se encuentran Wendy y Peter Pan. Wendy ha crecido y tiene dificultad para volar, Peter Pan se queda en el país de Nunca Jamás con sus amigas las hadas y la música de su flauta.

Discusión del cuento

Por medio del cuento, los sueños y los mitos se representan, se plasman y se proyectan las pulsiones tanto libidinales como agresivas. En el cuento de Peter Pan, él es un personaje que representa el rescate de los niños perdidos, así como también trata de rescatarse a sí mismo para poder crecer ya que en su mundo interno Peter Pan el niño perdido, se siente perdido.

El cuento de Peter Pan como todos los cuentos, sueños y mitos permite ahondar de una manera lúdica en el inconsciente y busca satisfacer un deseo de salvar a los niños perdidos, por medio de la reparación. Para estos niños es necesaria la psicoterapia para dar soluciones a este problema. Para esto se analizará el cuento de Peter Pan para investigar el proceso de crecimiento que pudiese ser utilizado para la técnica psicoterapéutica en vías de favorecer el crecimiento de los niños de casa hogar, que son niños en situación de abandono, niños perdidos como Peter Pan. En el proceso crecimiento se entrelazan dos procesos:

1. introyección de la madre y
2. la transformación de la muerte emocional a la vida afectiva por medio de la reparación de los padres.

El cuento debido a sus funciones terapéuticas facilita el proceso de crecimiento a los niños de casa hogar, niños en situación de abandono.

A continuación se mostrarán algunos puntos en donde se ve que se representan las hadas en los cuentos y son:

1. Los cuentos de hadas suelen plantear que se puede ayudar a obtener un estímulo en la formación de un vínculo realmente satisfactorio

con otra persona alcanzando una seguridad emocional de la existencia (Bettelheim, 1975).

2. Se orientan al futuro y ayudan al niño a renunciar a sus deseos infantiles de dependencia y a alcanzar una existencia independiente más satisfactoria. Al mimo tiempo les divierte, les alienta en el desarrollo de su personalidad. Llevan al niño a descubrir su identidad y posible vocación, planteándole que experiencias necesita para desarrollar su carácter.

3. Es terapéutico porque el niño encuentra sus propias soluciones mediante la contemplación de su propia historia y de sus conflictos internos. Proporciona seguridad y muestran el camino hacia un futuro mejor, se concentran en el proceso de cambio más que en la descripción de los detalles exactos de la felicidad que se va a ganar. Enfatizan en el proceso de crecimiento y en el camino que debe seguir.

4. Dice González Núñez (2001) que a través de los cuentos de hadas el niño comprende lo que ocurre en su yo consciente y se enfrenta con lo que hay en su inconsciente. Al adquirir esta comprensión puede luchar de nuevo.

5. Los cuentos y los sueños permiten pensar en soluciones creativas, en el juego es donde los niños despliegan su potencial creador.

6. El mito, el cuento y el fantasma son atemporales. La forma o contenido manifiesto en los cuentos de hadas presenta elementos típicos con personajes y temas elaborados a la manera de los sueños y los síntomas, es decir, multideterminados. Es una pantalla de proyección para el mundo interno del niño.

En la casa hogar Paco se ha logrado que no haya deserción voluntaria. Los niños han aceptado vivir en esta casa hogar, aunque siempre muestran deseos de regresar a su familia de origen, lo que les obstaculiza un crecimiento emocional.

El cuento de Peter Pan se interpretará como una posible forma de que exista esperanza para el tratamiento psicoterapéutico que ayude a los niños a crecer, especialmente a los "niños hijos de la calle".

Estos niños presentan dificultades ya que son niños abandonados desde edades tempranas, alejados de sus familias y llevados a diferentes instituciones de asistencia pública o privada. Esto crea una situación el la que el niño se queda sin la posibilidad de que otro ejerza óptimamente la función materna, paterna y familiar haciendo que su psiquismo y que su identidad se vaya conformando en el ambiente callejero sin una comunicación clara y modulada que les ayude a reconocerse como personas con historia sentimientos y lazos afectivos niño/adulto para proyectarse a futuro en la vida.

La permanencia en la calle, las estrategias para sobrevivir, la violencia e incluso la droga misma, son componentes de esta vida y, pese al daño que muchos de estos elementos causan a los niños, también cumplen la función de integrar y dar sentido a este grupo.

Necesidad de una historia

El niño necesita la relación con alguien que le vaya contando su historia para que conforme su identidad al saber su origen eso le permitirá pensar el futuro porque sienten la convicción de que creen en él (Aulagnier, 1997).

Los niños de casa hogar pierden la posibilidad de saber su propia historia (no conocen a su madre, no tienen registro de que su padre existió en el pasado). No tienen a nadie que se las cuente (a lo sumo lo que en casa hogar puedan decirles). Existe la ausencia de ese proyectarse en un futuro. No tienen la capacidad simbólica, se limitan a hablar con sus actos sobre sus necesidades inmediatas por lo que no hay esperanza ni credibilidad para estos niños.

Es un desafío para los adultos que cuidan estos niños brindarle protección, comprensión, afecto y mejores condiciones de vida, éstas serán necesidades que debemos volver a crear en el niño. Es importante rescatar la historia de estos niños, tienen que saber cuál es su origen y merece ser contado, por más que provenga de condiciones extremas de miseria. El tratamiento consiste en tratar de establecer vínculos con él, con su familia, y con su comunidad (Hayez, 2001/2004).

A continuación se plantean las siguientes preguntas y respuestas:

✓ ¿Cómo imaginar lo doloroso que es crecer y las renuncias que se tienen que hacer? Introyección de una madre.

✓ ¿Cómo imaginar la pesadilla que viven y que sufren, que es una muerte emocional que tienen que afrontar los niños abandonados? Transformación de la muerte a la vida por medio de la reparación.

Peter Pan

Se habla de Peter Pan como el niño que no quería crecer, sin embargo, Peter Pan es un niño en etapa de latencia que cuenta con los recursos para poder crecer. Es un niño que vive con las hadas, en el país de "Nunca Jamás" y está en busca de personas que le ayuden a crecer como son los niños de la familia Darling.

Había una vez un niño que no quería crecer y así permaneció en el mundo de la niñez, viviendo con las hadas en el País de "Nunca Jamás", se llamaba Peter Pan y una noche decidió abandonar el país de "Nunca Jamás" y visitar el mundo de los niños de verdad y así sucedió. Peter Pan fue en busca del crecimiento, sin embargo, en su fantasía descubrió que su madre lo había cambiado por otro. El dolor de Peter Pan es el dolor que sintió en el momento en que su madre lo cambió por otro (Barrie, 1978).

Cuando Peter Pan perdió a su madre pareciera que perdió su sombra, sintió una gran tristeza al perder a su madre, aunque ésta no le quería. La sombra es juguetona, es traviesa lo hace enojar y Peter se enoja, es como si le enojara que su sombra no es esa madre que lo sigue y hace todo lo que quiere, que aunque suena un capricho de Peter Pan es doloroso pasar por el período en donde tiene que aceptar que solo no se puede, no puede coser a él su sombra, pero a la vez tenerla separado de él lo enoja, no le acepta que tenga vida propia. Wendy intenta crecer y lo que propone es coser su sombra a él y le dice que a lo mejor le puede doler un poquito, en eso la sombra se despierta y se muestra tan contenta de estar de nuevo con él y él de haberla recuperado, es decir, que Peter Pan pueda reconocer que la madre que lo cuidó, es parte de él y que por medio de ejercer el autocuidado pueda dar protección a los demás tolerando su propio crecimiento y el de los demás.

Los niños perdidos en el país de Nunca Jamás

¿Cómo enfrentar la pesadilla de la muerte emocional que tienen que afrontar los niños abandonados y su transformación?

En los cuentos de hadas y en los mitos existe la ubicuidad, todo es posible al mismo tiempo. Y gracias a esta característica y muchas otras; existe la posibilidad de que los niños y los adultos puedan introyectar, identificarse (Rother, en Hornstein, 1994) y transformar la agresión en amor por medio de la reparación. Es posible que los niños en situación de abandono se puedan ayudar con el cuento como nutrimento por su fuerza reestructurante. Si los niños de la calle y en situación de abandono pueden encontrar una historia para su vida y si descubren el proceso para crecer por medio de la introyección e identificación como Peter Pan con los niños Darling pueden así transformar la agresión, la muerte en vida, en vida emocional sana.

El cuento brinda una esperanza a estos niños de poder historizar su vida sin historia. Si existe un lugar para ellos que no es un mundo de miseria afectiva sino el de tener "el país de Nunca Jamás" donde la posibilidad de tener una hada, de tener una madre que le dé afecto. Y en el cuento se ve la transacción por medio de la aparición de personas externas, así como en los niños de la calle y en situación de abandono, pueden proyectar, la madre buena en alguien de la comunidad.

El país de "Nunca Jamás" es un lugar donde las madres, hadas dejan a sus recién nacidos en los nidos de los pájaros de nunca jamás mezclados con los huevos; las hadas de color malva son niños y las blancas son niñas, y las hay de otros colores que no se sabe que son, estos niños con la ayuda de la comunidad y la psicoterapia pronto empiezan a adquirir color.

Sin embargo, es una solución para los niños perdidos haberse encontrado con Peter Pan y Campanita, la hada de "los niños perdidos" y Peter Pan. En este punto encontramos en el cuento una evolución, de mamá – sombra a mamá hada. El cuento les facilita un primer reencuentro con una madre, no la suya, pero sí una Wendy (una madre sustituta) que historifica ya que es portadora de cuentos, representa a la madre que da una historia (Hornstein, 1994).

La figura materna ahora pasa a estar significada por Wendy (sombra- Campanita, hada y Wendy) que cuenta su historia a "los niños perdidos" y después les permite la incorporación a una familia. No siempre encuentran una familia, pero sí es posible encontrar una institución como lo son las casas hogar, que los albergan y buscan su bienestar. En este punto se utiliza el significado simbólico antes mencionado para podernos explicar el fenómeno psicológico profundo.

Tal es el caso de casa hogar Paco que brinda tratamientos psicoanalíticos, psicoterapia en general, acompañamientos psicológicos, además de otros servicios, para los niños en situación de abandono, huérfanos que vivían en la calle, aunque sean huérfanos de madre viva.

Durante el tratamiento de estos niños se ha observado que han vivido una situación traumática y que también han sufrido una violencia en su aparato psíquico y por esto, para calmar su angustia andan en la búsqueda de sus orígenes, de la integración de su historia. Hay que tomar en cuenta que una violencia psíquica disminuye sus efectos en el momento en que se toma conocimiento de ella.

Durante los tratamientos se trata de elaborar duelos y hechos traumáticos mediante la capacidad de reparación e historificación donde los terapeutas y acompañantes son personajes vivos del cuento de Peter Pan (sombra, Campanita, hada y Wendy). Los niños se manifiestan satisfechos cuando comienzan a ser contenidos y pueden hacerse cargo de sus pulsiones primitivas. La identificación que necesita su transformación desde lo sensorial a lo mental utilizándola en beneficio de la historificación del sujeto.

Otro proceso que favorece la salud mental de estos niños, es la evolución de las defensas que permiten que la pulsión de muerte se transforme en vida.

El fallo de los padres engendra violencia, los sujetos que lo sufren se sienten atacados en su ser y les resulta difícil introyectar la idea de buenos padres que los protejan del medio que se manifiesta como agresivo.

En niños como los que se encuentran en la casa Paco se presenta "una muerte emocional" ya que la desolación invade su psiquismo así como cuando el bebé en sus fantasías más destructivas no puede ser rescatado por la madre. Si por el contrario la madre o persona que ejerce la función materna puede devolvérselas pero transformadas en protección y amor, pasarán a convertirse en fuerza vital. Este proceso se ve ejemplificado cuando, en la tierra de "Nunca Jamás" Garfio intenta envenenar con su propia sangre (proceso de identificación proyectiva patológica) a Peter Pan, sin embargo, Peter tiene a su fiel hada que lo salvará de la muerte y a su vez a todos los niños del mundo (identificación proyectiva para la transformación) aunque tenga veneno en su cuerpo éste puede transformarse en amor.

Campanita dice que ella puede recuperarse si los niños creen en las hadas —madres-madres sustitutas (amor), Peter Pan logra que todos los niños crean en las hadas (amor) y les pide que aplaudan y es por esos aplausos que Campanita logra salvarse.

Conclusiones

Los niños institucionalizados necesitan hacer un duelo por su historia anterior, volver a ilusionarse cuando quizás no es tan fácil después de haber pasado por la desilusión. Hay que tomar en cuenta que el niño pequeño no elige la institución ni tiene la capacidad de esa elección y esto aunque sea lo mejor para él, implica una coacción.

Dentro del proceso de historización están las identificaciones que son inconscientes y suponen para el sujeto una parcela alienada pero que, cuando se conoce su historia secreta, se pueden modificar los efectos que tienen para el Yo y a veces sólo se puede conseguir mediante un proceso psicoterapéutico.

A través de la simbolización se construye la historia, sus pensamientos sobre la misma, retazos de recuerdos de lo oído, de lo pensado que van a dar forma a la fantasía y la realidad integrándose ambas.

Los niños perdidos del cuento en su anhelo de conocer sus orígenes sí se dejan rescatar por Peter, Wendy (sombra-Campanita-hada-Wendy) y finalmente por la familia Darling, la madre en cualquiera de sus representaciones. Es así como en casa hogar estos niños se dejan rescatar por las personas que trabajan ahí y por la atmósfera terapéutica, siendo los acompañantes y psicoterapeutas de el Instituto de Investigación en Psicología Clínica y Social representantes vivos de la sombra, de Campanita, de la hada y de Wendy, "proceso de transformación" que representan el amor, el cuidado y la esperanza para construir un plan de vida futuro y así poder salir de la tierra de "Nunca Jamás" y afrontar la realidad con identidad y sabiduría de dejar la ventana para poderse rescatar.

Sugerencias

El cuento de Peter Pan se presta para que los niños recreen en compañía de sus padres su propia historia. Este aspecto siempre es muy divertido para los niños ya que permite volver a recordar eventos agradables entre padres e hijos.

Este cuento también abarca otros temas como son:

a. Juegos y juguetes favoritos.
b. Dificultades para crecer.
c. Rivalidades y celos.

Recordar la historia de su origen. Se sugiere que profesionales de la salud hablen con sus pacientes y que los padres hablen con sus hijos de la historia de su nacimiento. Que traten de reconstruir su historia para que el niño sepa cuáles fueron sus juguetes, sus comidas, sus juegos, sus canciones favoritas, etcétera.

Reconocer rivalidades y celos. Es importante reconocer que estos sentimientos existen, que son humanos que no hay que asustarse si se observan sus manifestaciones en la familia. Lo importante es encontrar un cauce y tratar de encaminar al niño, no centrarse en esos afectos sino que utilice la fuerza afectiva para su autocuidado, para la productividad y la creatividad.

Perder el miedo a crecer. Finalmente es importante que ante el tema de la dificultad de crecer, se supere este miedo; esto se logra hablando con el niño, explicándole que crecer y alcanzar la madurez permite tener felicidad y equilibrio.

Bibliografía

Aulagnier, P. (1997). *El aprendiz de historiador y el maestro brujo. Del discurso identificante al discurso delirante*. Argentina: Amorrortu.

Barrie, J. M. (1978). *Peter Pan y Wendy*. México: Época.

Bettelheim, B. (1975). *Psicoanálisis de los cuentos de hadas*. México: Crítica.

Castoradis- Aulagnier, P. (1997). *La violencia de la interpretación. Del pictograma al enunciado*. Argentina: Amorrortu.

González N. J. de J. (2001). *Psicopatología de la adolescencia*. México: Manual Moderno.

Hayez, J. Y. (2001/2004). *La destructividad en el niño y el adolescente. Clínica y seguimiento*. Barcelona: Herder.

Hornstein, L. (1994). *Cuerpo, historia, interpretación*. México: Paidós.

¿Dónde está el padre en la actualidad? Psicodinamismos de la paternidad en el cuento de Pinocho

Rebeca Oñate Galván

Síntesis del verdadero cuento de Pinocho

Su autor, el italiano, Carlo Lorenzini con seudónimo Collodi, en 1870 publicó en una revista para niños el primer capítulo de la historia de un muñeco y escribió unos tres capítulos más. Sin embargo, cuando el autor interrumpió su colaboración en la revista porque asumió un cargo gubernamental, los pequeños lectores protestaron y escribieron cartas al periódico exigiendo la continuación. Collodi continúa los capítulos del muñeco y en 1883 aparece la publicación de los trece capítulos con el título, las aventuras de Pinocho. La historia dice así:

> Había una vez un tronco, sí un tronco, no un rey, que fue a parar al taller del carpintero Antonio, llamado Cereza por su nariz siempre colorada y reluciente, parecía una cereza madura. Cuando el maestro Cereza iba a comenzar a quitarle la corteza y lijarlo, oyó una vocecita muy fina que decía: "No, no me des tan fuerte". El maestro Cereza se asustó y pensó que todo había sido una ilusión de él. Luego le dio un fuerte hachazo en el leño.
>
> "Me has hecho daño" dijo quejándose la misma vocecita. El maestro Cereza se preguntó de dónde salía aquella vocecita y dijo: "Si aquí hay un alma o alguien escondido, peor para él", tomó el tronco con las dos manos y lo golpeó sin piedad contra las paredes. Cuando pensó que todo había pasado comenzó a cepillar y pulir el leño y la vocecita dijo: "pero hombre, me estás haciendo unas cosquillas terribles"; el maestro Cereza se desmayó del susto y la punta de la nariz ya no estaba colorada, del susto se había puesto azul.
>
> Un carpintero llamado Goro, quien tenía un genio de todos los diablos, tocó a la puerta del taller de carpintero Cereza, quien abrió apenas

77

recuperándose del susto. Goro le comentó que se le había ocurrido la idea de hacer un muñeco de madera que supiera bailar, tirar a las armas y dar saltos mortales, porque deseaba recorrer el mundo con ese muñeco para ganarse un pan y un traguillo de vino. La vocecita gritó: "¡Bravo maestro Fideo!", y Goro se llenó de rabia al oír su apodo y pensó que Cereza lo había dicho. Los dos carpinteros furiosos pasaron de las palabras a los hechos y se pelearon a golpes. Una vez que se calmaron, en son de paz, Cereza le regaló a Goro el tronco de donde salía la vocecita.

La Casa de Goro tenía el fuego de la chimenea pintado, al igual una cacerola reluciente en la que parecía hervir algo sustancioso. Ahí Goro mientras fabricaba al muñeco y al terminarlo decidió llamarlo Pinocho porque ese nombre era de la suerte porque ese nombre pertenecía a una familia a quienes les había ido muy bien: el más rico de todos ellos pedía limosna. Cuando le fue pintando los ojos éstos se movían y le preguntó: "Ojitos de madera ¿por qué me miran?", pero nadie contestó. Luego le hizo la nariz, pero apenas se la había terminado ésta empezó a crecer y a crecer. Goro la recortaba, pero mientras más la recortaba más larga se hacía aquella nariz impertinente. Cuando Goro le hizo las manos, éstas le alcanzaron su peluca de cabello escurrido por el que había ganado el apodo de Fideo, el muñeco se burló de él. Goro se pusó triste y le dijo: "Chicuelo del diablo, aun no he acabado de hacerte y ya empiezas a faltarle el respeto a tu padre". Cuando le hizo los pies, el muñeco pateó a Goro y se hecho a correr por las calles. Goro fue tras de él, un policía atrapó a Pinocho y Goro lo amenazó con ajustarle las cuentas en la casa. Pinocho se tiró al suelo y se negó a seguir caminando. Se fue acercando la gente a ver lo que sucedía y algunos comentaban: "Ese Goro parece un buen hombre, pero es cruel con los muchachos, si le dejan a ese pobre muñeco en sus manos, es capaz de hacerle pedazos". De tanto que la gente comentó, el policía se llevó preso a Goro, quien lloraba como un becerro.

Mientras Goro estaba en la cárcel, Pinocho regresó tranquilo y libre a casa. Pinocho escuchó "Cri, cri cri", y dijo: "¿Quien me llama?", "Soy yo un grillo parlante y vivo en esta habitación desde hace más de cien años y no me marcharé sin antes decirte una verdad de templo", contestó el grillo. Pinocho le dijo que se apresurara a decir lo que quería, porque tenía prisa por irse para evitar que lo enviarán a la escuela, ya que el quería dedicarse a comer, beber, dormir, divertirse y pasearse. Cuando el grillo escuchó esto le advirtió: "Todos los que siguen ese oficio acaban en el hospital o en la cárcel". Pinocho se enojó y al ser confrontado con que sólo era un muñeco, Pinocho se enfureció y le dio un palazo y el grillo quedó aplastado en la pared.

Pinocho ante la ausencia de Goro se sentía libre, pero también no tenía nada que comer y el hambre lo hizo desesperarse y llorar arrepentido por rebelarse contra su padre. Salió a buscar comida y al invadir una propiedad privada, el dueño lo corrió a cubetazos de agua fría. Pinocho regresó a la casa paterna y para secarse se puso cerca del brasero, se quedó dormido y ambos pies se le quemaron hasta convertirse en ceniza. Cuando despertó oyó que tocaban a la puerta, era Goro, su papá que había regresado de la cárcel, le pedía a Pinocho que le abriera, pero éste no podía porque no tenía pies y le dijo a su papá, "no te puedo abrir, me han comido los pies", Goro no le creyó a Pinocho y furioso entró por la ventana listo para golpear a Pinocho en cuanto lo viera. Cuando Goro vio que su Pinocho estaba en tierra y que era verdad que le faltaban los pies, se enterneció y levantándole por el cuello comenzó a besarle y a acariciarle. Pinocho le contó lo malo que había sido con el grillo y que había invadido una propiedad privada buscando comida, pero de todo ese relato incoherente, el padre comprendió que el muñeco estaba muerto de hambre y le dio de comer, después en castigo Goro dejó sufrir hasta medio día a Pinocho por no tener pies y luego le hizo de nuevo sus pies. Pinocho de felicidad por ser como los demás niños prometió decir la verdad siempre y tener oficio para cuidar a su padre en la vejez. Así Pinocho decidió ir a la escuela. Para eso Goro, quien no tenía nada de dinero, vende su chaqueta para comprarle una libreta y un lápiz a Pinocho. Goro volvió sin chaqueta y con la libreta y lápiz para Pinocho, quien le preguntó por su chaqueta. Goro contestó: "la he vendido porque tenía calor". Pinocho conmovido comprendió y le dio muestras de cariño a su padre.

Pinocho camino a la escuela es seducido por la música que sale de una carpa, lleno de curiosidad se desvía de la escuela y entra ahí. Con asombro ve a muchas marionetas. Pinocho al ver a muchos muñecos como él, salta, corre emocionado hacia el escenario y las marionetas exclaman el nombre de Pinocho y olvidan seguir representando el papel que les asignó su dueño, éste ante tal desorden, se enfureció y decidió quemar a Pinocho, éste lloraba con tal desconsuelo rogando que lo dejaran vivir porque si no su papá no aguantaría la pena que el dueño se conmovió y lo dejó vivir y lo invitó a cenar. Para calentar la cena de todos modos, necesitaría quemar a un muñeco, así que ordenó que echaran a una de las marionetas, Pinocho angustiado, lloró y suplicó que no lo hiciera y al ver que iban a aventar al fuego a uno de sus hermanos, Pinocho le dijo al dueño del teatro que no matara a su hermano, que lo aventara a él al fuego, el dueño sorprendido perdonó por esa noche la vida a las marionetas y le da cinco monedas de oro a Pinocho para que le dé a su papá.

Pinocho, camino a su casa, encuentra a una zorra y a un gato quienes lo engañan con el cuento de que si va a una región donde siembre las monedas saldrán árboles de monedas y le dará más dinero a su papá para que sea rico. Así Pinocho sufrió un asalto en el camino y fue colgado de un árbol, pero no le quitaron sus monedas.

Una hermosa niña de cabellos azules rescata a Pinocho y lo lleva enfermo a su casa. En sueños, Pinocho escucha la voz del grillo que le dice que es un holgazán y al despertar decide regresar a su casa. Tuvo que esperar y tomar algunas medicinas. Cuando el hada le preguntó por las monedas de oro, Pinocho mintió y dijo que las perdió y es hasta ese momento que le creció la nariz por decir mentiras. El hada rió y lo dejó ir y en el camino nuevamente Pinocho fue engañado por la zorra y el gato quienes se llevaron sus monedas para ellos sembrarlas por él.

Pinocho se mete en problemas buscando cobijo en propiedad privada y lo meten en la cárcel 8 meses. Libre ya de la prisión, trata de volver a casa del hada, pero encuentra en el camino una terrible serpiente que lo engaña y Pinocho queda encerrado en un cobertizo. Después Pinocho cae en poder de un labrador que lo obliga a servir de perro para custodiar un gallinero. En su servicio de custodio Pinocho descubre a unos ladrones y queda libre en recompensa.

Después Pinocho encuentra la tumba del hada y Pinocho llora su muerte, el hada descubre su propia mentira y le dice a Pinocho que está viva, pero que ahora venga a vivir con ella. Pinocho cae seducido por el hada, se convierte en un niño bueno para el hada, pero que se olvida de su padre.

Cuando Pinocho, se entera de que su padre se metió en una barquita para buscarlo al pensar que se perdió en el mar, Pinocho quiere ir a buscarlo, pero el hada lo disuade de buscarlo y quedarse con ella.

Un día Pinocho y algunos de sus compañeros que lo retaron, faltan a clases para ir a ver a un dragón marino. Todos juegan, nadan, pero uno golpea a otro y éste queda muerto. La policía se los lleva presos. Cuando salieron de prisión tiempo después, volvieron a dejar la escuela y al escuchar que un tren los llevaba a un lugar donde nunca tendrían que estudiar todos seducidos por la idea subieron. Después de cinco meses de vagancia, cada uno de los niños se fue convirtiendo en asnos y luego Pinocho convertido en asno es llevado al mercado para ser vendido, un cirquero lo compra y como Pinocho se resiste a ser un títere, el dueño lo avienta al mar y es devorado por un dragón marino, ahí vuelve a su estado original de muñeco de madera.

Pinocho encuentra en el cuerpo del dragón marino a su padre. Se reconcilian, Pinocho cuida a su padre, y con la fuerza de su unión, logran encontrar la manera de salir del dragón marino. Regresaron a su casa y al otro día, al despertar, todo estaba transformado, Pinocho despertó siendo un niño de carne y hueso, un niño que podía sentir el cariño hacia su padre, y el padre se había transformado en un hombre trabajador.

La pregunta que plantea el título de este capítulo corre el riesgo de que al intentar contestarla se puedan crear ideas absolutistas acerca del papel que juega el padre en la actualidad. Sin embargo, es necesario atreverse a buscar una respuesta porque los problemas emocionales que presentan los niños hoy en día, como serían: la erotización, la agresividad, la difusión en la identidad, bajo rendimiento escolar, problemas con la disciplina, conducta antisocial y otros problemas, como también sería específicamente, el de utilizar la mentira infantil como medio para evitar conflictos, son problemas que han aumentado en porcentaje y se observa en la consulta psicoterapéutica con niños.

Estos problemas infantiles tienen en común la dificultad del niño para manejar y contener sus deseos y afectos, situación que por sí misma es indicativa de que la función paterna no está cumpliendo su cometido. Por lo tanto, en este capítulo se propone analizar el problema de la mentira en los niños, de tal manera que se cumpla el objetivo de reflexionar sobre la función del padre en la actualidad.

En algunas familias mexicanas el padre está físicamente más presente hoy en día en comparación a cómo lo estaba en épocas pasadas. Es del conocimiento de la mayoría de la gente que el padre participa en más actividades con los hijos, sin embargo, esto no garantiza su presencia a nivel psicológico, la cual requiere del ejercicio de sus funciones. ¿Dónde está el padre en la actualidad? Al parecer, el padre está ausente psicológi-

camente porque muchos de los problemas infantiles actuales manifiestan su ausencia psicológica.

La relación del niño con el padre que está presente se va asimilan-
do y transformando en el mundo intrapsíquico del niño a lo largo del
desarrollo a través de la relación dinámica entre ambos. El niño con su
conducta y con sus afectos le pide al padre que cumpla sus funciones
psicológicas para sentir la seguridad y poder lograr conformarse como
una persona verdadera. Pero como toda relación es bilateral, el niño
también influye en el padre para que lleve a cabo su paternidad (González, Oñate y Cuevas, 1996).

El niño que presenta problemas emocionales, en específico, el problema patológico de la mentira infantil, busca transformar al hombre
que lo engendró en un verdadero padre. En otras palabras, la relación
padre-hijo es en muchos casos una mentira y para reflexionar cómo ocurre la metamorfosis hacia una verdadera relación padre-hijo, se analizará
el cuento original "Las aventuras de Pinocho", publicado en 1883 por
su autor el escritor italiano Carlo Lorenzini, con seudónimo Collodi.

El cuento de Pinocho comienza de la siguiente manera:

—Este era un rey (dirían enseguida mis pequeños lectores).
—Pues no muchachos, nada de eso.
—Había una vez un pedazo de madera, un leño.

Este inicio inusitado sobre la historia de un leño, ha sustituido la expec-
tativa de que aparezca un rey, figura relevante en los cuentos infantiles. El
rey es autoridad y salvaguarda tanto del reino como de sus habitantes, y
por lo tanto, representa al padre. Cuando el autor inicia de esa manera, el
cuento sobre la historia de un leño, el autor realiza la metáfora por asociación rey = leño, y así quedan enlazados inconscientemente en el niño,
quien se queda con el deseo de que lo que surja de aquel leño sea un rey,
es decir, el cuento de Pinocho relata el proceso de la trama edípica, de tal
manera que el leño representa la necesidad de que un padre lo transforme
en muñeco de madera y para que éste deje de ser de palo necesita de un
padre que se asuma como tal, para que a su vez el hijo lo acepte como
autoridad y le dé la seguridad de que su ley lo ayudará a convertirse en
un niño que sienta y pueda crecer hasta ser hombre, un futuro rey.

Las causas que ayudan a poner fin al complejo de Edipo son las desilusiones que vive el niño cuando: 1) no son satisfechas sus necesidades eróticas por parte de la madre y 2) además cuando el niño recibe necesariamente los límites y castigos del padre porque insiste en satisfacer un deseo prohibido (Freud, 1924/1981).

Pinocho, el muñeco de madera, es famoso porque le crece la nariz cuando dice mentiras. La mentira vuelve famoso a Pinocho porque ésta es una parte universal de todo ser humano que miente porque se opone a la prohibición de seguir sintiendo placer. El niño deja de mentir cuando logra satisfacer su necesidad emocional y sólo así puede renunciar a la satisfacción de sus pulsiones. Entre los 3 y 7 años de edad aproximadamente, el niño cursa por la etapa edípica del desarrollo y es el momento en que el niño y el padre tienen la oportunidad de resolver el problema de la mentira. El hecho simbólico de que a Pinocho le crece la nariz al decir mentiras, representa que el niño no acepta la prohibición del incesto y del parricidio, por lo tanto sus capacidades masculinas son falsas y hasta que no resuelva el complejo edípico seguirá siendo de palo y no podrá ser un niño de verdad, para que eso suceda se necesita que el propio padre esté marcado por la misma prohibición.

El temor a la castración también significa la angustia de perder el cariño del padre que educa, es decir, del padre que ha renunciado a su propio deseo incestuoso. De esta manera, el niño puede renunciar a satisfacer ese deseo a cambio de identificarse con la fuerza del padre al que admira y quiere, y por otro lado, la prohibición queda introyectada en el núcleo del Superyo porque la prohibición protege (Freud, 1924/1981).

Por lo tanto, la mentira del cuento es cualitativa, esto significa que lo que es una mentira es la relación padre-hijo y el cuento muestra el proceso de humanización que transforma al muñeco de palo insensible en un niño de verdad que reconoce sus mentiras y afectos y que con estos últimos transforma al hombre que lo creó en un verdadero padre.

El futuro padre

El cuento original presenta al carpintero Cereza, futuro padre de Pinocho, quien es llamado así por su nariz siempre colorada (el sobrenombre hace alusión simbólica a un hombre con una sexualidad lujuriosa). El carpintero escuchó una vocecita que salía del leño, luego negó la existencia de esa voz a pesar de que ésta hizo varios intentos por ser escuchada. La voz dentro del leño simboliza el embarazo paterno, es decir, el deseo del padre de tener un hijo. En el cuento el padre negó ese deseo.

El padre en el embarazo

A continuación, el carpintero aceptó la existencia del hijo en el embarazo, pero luego golpeó el leño contra las paredes con la intención de deshacerse de la persona que se escondía dentro del leño. Este acto muestra la ambivalencia del padre ante el hecho de saber que va a tener un hijo. El carpintero se asustó ante la presencia inminente del hijo, que a pesar de los golpes, le volvió a hablar y el futuro padre teme ser castigado por su rechazo. Esto se simboliza en el cuento cuando la nariz de color cereza cambia a color azul por el susto; los colores simbolizan el cambio de lo pasional al temor a quedar inhibido.

La teoría preconceptiva (s/f) sostiene que el hombre es ambivalente ante la idea de tener un hijo y necesita de un esfuerzo para aceptar la concepción. El hombre, desde el momento que sabe racionalmente que tendrá un hijo, reeditará inconscientemente con el hijo todos los afectos que vivió en su propia relación edípica y, por consiguiente, también aquello que quedó sin resolver.

Las tendencias cariñosas y hostiles contra el padre coexisten juntas, muchas veces durante toda la vida, pero algo que permite el cambio de esta relación ambivalente con el padre es que el sujeto se enfrente a las experiencias en el mundo que lo confrontan tanto con sus propias capacidades como con las capacidades del padre para tener una imagen más realista de sí mismo y del otro. Esto permite que el hombre al convertirse en padre redescubra a su propio padre en ese proceso y pueda cambiar la imagen de él al ser confrontado consigo mismo. (Rosenfeld, s/f, en Geissmann y Houzel, 2006). En otras palabras, la reconstrucción del rol del padre se puede observar en el diálogo intersubjetivo padre–hijo.

La casa paterna

La casa del futuro padre de Pinocho estaba llena de falsedades: el fuego de la chimenea y la comida de una cacerola eran aparentes, estaban pintados. Fuego y comida simbolizan el afecto de cariño en el hogar, por lo tanto, el afecto entre padre e hijo era mentira.

Expectativas del padre hacia el hijo

El carpintero esculpió el leño del cual surgió una marioneta perfecta de la cual esperaba que supiera bailar, tirar a las armas y dar saltos mortales, además comentó al verla que era mejor tener marionetas que hijos malcriados. El hombre esperaba recorrer el mundo con la marioneta para ganarse un poco de pan y un trago de vino y en esta fantasía expresó, que no esperaba que el hijo pudiera sentir y pensar por sí mismo, sino que deseaba inconscientemente que le ayudara a conseguir para él mismo una vida de placer. Los padres con características edípicas no resueltas buscan inconscientemente aquello que sus propios padres no pudieron darles, y buscan satisfacerlas por vías sustitutivas como son los propios hijos (Miller, A., 2001 en Abrams, J. 2001.). Estos deseos inconscientes paternos quedan inscritos en el inconsciente del niño, los cuales lo empujarán a actuar en busca de su propio placer, pero también para cumplir el deseo inconsciente del padre. Cuando el carpintero terminó de esculpir a la marioneta, la nombró Pinocho, porque era el nombre de una familia rica y esperaba que el nombre le diera suerte, es decir, que le permitiera seguir satisfaciendo sus deseos infantiles.

Nacimiento

Pinocho nació e inmediatamente se rebeló a ser una marioneta para el padre, mostró su propio deseo y voluntad cuando cortó los hilos para ser manejado como marioneta. El niño tiene la necesidad de ser reconocido como persona, como actor central de su propia actividad, no sólo del deseo de sus padres, sino como satisfacción necesaria para el desarrollo saludable del niño (Miller, 2001 citado en Abrams, 2001).

Aunque Pinocho se liberó aparentemente y se escapó a explorar el mundo para descubrir sus placeres, las cadenas del inconsciente fueron más poderosas y lo mantuvieron atado porque seguía siendo una mentira, era un muñeco de palo. El niño con un padre edípico desarrolla una capacidad asombrosa para percibir y responder inconscientemente al rol que se le asignó inconscientemente, ya que esto le garantiza el amor de su padre.

Relación padre-hijo

En el niño existe una lucha entre actuar en función de las normas y los límites del padre para no perder su amor y, por otro lado, intenta liberarse de estas leyes. Esto se observa cuando en la trama de los cuentos el niño expresa una y otra vez el intento de la ampliación de las relaciones hacia el mundo exterior, lo cual es un intento de elaborar el complejo edípico y sus leyes (Blinder, Knobel y Siquier, 2004). Pinocho se escabullía del padre y se alejaba de él para ir al encuentro de un mundo diferente y conocer a otras personas. En esos momentos descubrió el placer del alimento y no pudo parar de comer, como le sucede a todo niño. Pero a Pinocho le costó más trabajo abstenerse de las cosas ricas que fue conociendo porque inconscientemente estaba apoyado por el padre, que era un hombre impulsivo que toleraba poco la frustración, son el tipo de padres que viven la crianza del hijo como un obstáculo porque sólo buscan su propia satisfacción y reaccionan con violencia y crueldad cuando creen que el hijo los frustra.

Cuando Pinocho ocasionaba problemas al padre, éste lo amenazaba con hacerlo pedazos. Pinocho temía el castigo de su padre, al que había visto golpearse con otro hombre por una tontería. Una vez, para intentar librarse del castigo del padre que se había enojado porque se salió a la calle, hizo un berrinche tremendo frente a un policía para denunciar la conducta desenfrenada del padre. El policía observó la escena entre padre e hijo y se llevó preso al padre por ser tan cruel con el niño. El padre lloraba a gritos como un niño sin saber qué decir para evitar el castigo.

Roselfeld (s/f, en Geissmann y Houzel, 2006) comenta que es necesario que el niño se desidentifique del padre que funciona en su mente como un padre severo y cruel, y éste corresponde a las primeras etapas del desarrollo. Para poder llevar a cabo tal desidentificación se requiere que el padre también ayude al niño al mandarle mensajes claros y no con doble moral, es decir, la doble moral es que el padre prohíbe, pero él sí puede hacerlo, no está marcado por la misma prohibición, como se observa en el padre de Pinocho.

Otra función importante paterna para la resolución edípica es que cuando el niño está en el vínculo intersubjetivo padre-hijo, éste pone en el padre fantasías o actos que representan sus pulsiones, por ejemplo, las parricidas. En esos momentos es necesario que el padre pueda recibir esas representaciones, las contenga y se muestre resistente a ellas (Rosenfeld, s/f, citado en Geissmann y Houzel, 2006). Es decir, que el padre no reaccione a las provocaciones del niño con una agresión desmesurada ya que el niño lo viviría como un acto filicida y con ello complementaría el deseo parricida. Esto deja atrapados al padre y al hijo en el conflicto edípico y deja al niño aprisionado en la mentira patológica porque el niño "Pinocho" no puede mostrar su verdad dado que no puede sentirla, ya que aprendió a mostrar lo que se espera de él y que se ha fusionado tanto a ésa imagen que ya no se puede manifestar como es. Se ha convertido en un niño de palo porque no puede exhibir su decepción al padre dado que equivale a perder su amor (Yves, 2004).

Relación dinámica intersubjetiva padre-hijo

Mientras el padre estaba castigado en la cárcel, el grillo cri-cri se le apareció a Pinocho para advertirle que los niños debían cuidar a su padre y que cuando no lo hacían, y sólo se dedicaban a buscar los placeres del cuerpo, terminaban en el hospital o en la cárcel. Pinocho lo escuchó, pero no tomó en serio lo que el grillo le dijo porque Pinocho al ser de palo, por lo tanto, no sentía la necesita del padre. Pasaron muchos días, en los cuales Pinocho vivió muchas frustraciones intentando encontrar comida, el cansancio lo venció y como se quedó dormido junto a una fogata se le quemaron los pies de madera y estos desaparecieron. Cuando Pinocho despertó observó muy angustiado que se había quedado sin pies, símbolos masculinos, que representan la falta de soporte que da el padre. La pérdida es a la vez el castigo por su propia impulsividad. Padre e hijo habían sufrido un castigo, el afecto de desprotección y soledad apareció en ambos y cuando se volvieron a ver, Pinocho lloraba desvalido porque necesitaba que su padre lo protegiera. Cuando el padre vio llorar a su hijo desconsoladamente comenzó a transformarse en un padre que antepone algunas de sus necesidades para cuidar del hijo.

Sin embargo, una golondrina no hace el verano y Pinocho, antes de que lograra ser un niño que pudiera sentir sus afectos, sucumbió a muchas tentaciones propias de todo niño, como por ejemplo, cuando quedó seducido por un hada-mamá que lo invitó a quedarse gozando por siempre de su compañía, Pinocho aceptó y se olvidó de volver con su ·padre. En otras palabras, Pinocho no pudo renunciar a sus deseos incestuosos y sus aventuras lo condujeron a meterse en constantes problemas. Los niños que no se encuentran contenidos en esta etapa del desarrollo por parte de su padre en forma consistente, están en riesgo de ser seducidos frecuentemente por compañeros y personas mayores que representan un ideal seductor que aprueba la total libertad (Ledoux, 1990). Como consecuencia de estar constantemente en problemas, en Pinocho apareció el temor al castigo porque sabía que seguía satisfaciendo un deseo prohibido.

Comienzo de la transformación

En el cuento, este proceso se representa en que Pinocho, en cada capítulo, estuvo en constante peligro de que un hombre furioso lo quisiera matar, porque Pinocho lo había arruinado de algún modo. En cada uno de estos momentos críticos, Pinocho aún siendo de palo lograba sentir miedo y culpa y ambos afectos le permitieron sentir que necesitaba a su papá y el cariño que sentía hacía él.

El padre, por su parte, comenzó a temer por la vida del hijo y ambos emprendieron la búsqueda para reencontrarse. La búsqueda de uno con otro les acarreó frustraciones importantes que representan el proceso que tanto padre e hijo viven mientras intentan resolver el conflicto edípico para transformarse y acceder a humanizarse en su vínculo afectivo.

El camino hacia el reencuentro llevó a Pinocho y a su padre a una situación de confrontación más peligrosa, representada por un dragón marino que se tragó a cada uno en distintos momentos. El dragón marino simboliza la pulsión parricida y la pulsión filicida y así en cada uno surgió el temor de perder el uno al otro. El temor a la pérdida los llevó a darse cuenta de que el sentimiento de rivalidad los esclavizaba y les impedía cumplir el deseo de reencontrarse. El deseo emocional de ejercer el rol paterno y el deseo emocional de contar con un padre, permitió el reencuentro del padre y del hijo dentro del dragón marino. El encuentro, expresado en palabras de Winnicott (1990), significa que en su fantasía se mataron el uno al otro, pero al saberse vivos renunciaron ambos al enojo; así el reconocimiento del cariño entre ellos dos les permitió sobrevivir. Pinocho y su padre lograron salir del dragón marino, simbolizando la resolución del conflicto Edípico al declinar al deseo prohibido.

Cambell, (2001, citado en Abrams 2001) dice que cuando el niño confronta al padre y lo enfrenta con la posibilidad de realizar actos que no aceptaba de su propio padre, eso lo hace pensar en la propia relación con su propio padre para autodescubrirse y poder transformarse en su propia paternidad. Así el niño se podrá identificar con conductas claras de él porque el padre se muestra claro cuando le transmite al niño de manera inequívoca que él no es una negación categórica (Prekop, 2005). Es decir, el padre asume su actuación frente al hijo como una afirmación confiable porque afectivamente reconoce y acepta que él también está marcado por las mismas prohibiciones.

La transformación verdadera del padre y del hijo

En casa, al día siguiente, la transformación ocurrió, Pinocho despertó siendo un niño de carne y hueso, un niño que podía sentir el cariño hacia su padre y el padre se había transformado en un hombre trabajador que había renunciado a la satisfacción de sus placeres mundanos. Esa renuncia lo lleva a proteger a su hijo y a lograr que éste fuera un niño de verdad y lo convirtió a él en un verdadero padre.

Conclusiones

1. El niño miente y desobedece como parte natural de ser niño.
2. Para que la mentira y la desobediencia se comprendan como parte natural de la vida es necesario que se lleve a cabo un proceso en la

relación intersubjetiva padre-hijo que permita que se elabore el complejo edípico.

3. Cuando la mentira es patológica indica que necesita que el padre asuma su rol verdaderamente.

4. La ausencia del padre a nivel psicológico impide que se elabore el complejo edípico y que aparezcan trastornos en el niño.

5. El niño miente y desobedece para forzar al padre a ejercer su rol, y así el niño puede dejar de fingir lo que el padre inconscientemente espera que sea.

6. El niño miente y desobedece para hablarle intersubjetivamente al padre y pedirle que renuncie a satisfacer deseos prohibidos, es decir, en el diálogo inconsciente se da la oportunidad para que el padre del niño mentiroso intente elaborar el conflicto edípico.

7. El padre deja de mentir porque ha comprendido, a través de la relación intersubjetiva con el niño mentiroso, que se siente más seguro y mejor al renunciar a lo prohibido, y que para ello es necesario asumir el rol paterno.

8. Cuando el padre ha resuelto su Edipo al aceptar ser verdaderamente un padre, el niño experimenta seguridad para poder sentir y mostrarse tal cual es verdaderamente, sabiendo que el padre lo protegerá de sus deseos peligrosos ya el padre lo ha podido hacer consigo mismo.

9. ¿Dónde está el padre en la actualidad? La respuesta está dentro de cada persona y sólo aquellos que sean capaces de no mentirse a sí mismos y asuman su rol de padre sabrán dónde está el padre en la actualidad.

Bibliografía

Blinder, C.; Knobel, J.; Siquier, M. L. (2004) *Clínica psicoanalítica con niños*. España: Síntesis.

Cambell, M (2001) Matando al monstruo en: *Recuperar el niño interior*. España: Kairós.

Collodi, C. (1883) *Aventuras de Pinocho. Primeras andanzas del muñeco de madera*. España: Biblioteca de cuentos maravillosos.

Freud, S. (1924/1981) Disolución del complejo de Edipo. *Obras Completas*. Tomo III. Madrid, España: Biblioteca Nueva.

González, J.; Oñate, R. y Cuevas, C. (1996) Percepción del padre y rendimiento escolar en: *Alêtheia* No. 15. México: Instituto de Investigación en Psicología Clínica y Social. p. 47-58.

Ledoux, M (1992/1990) *Introducción a la obra de Francoise Dolto*. Argentina: Amorrortu.

Miller, A. (2001) La búsqueda del verdadero yo. En: Abrams (2001) *Recuperar el niño interior*. España: Kairós.

Prekop, J. (2005) *El pequeño tirano. La línea media entre límites y permisividad*. México: Herder.

Rosenfeld, D. (2006) El rol del padre en la psicosis en: *El niño, el psicoanalista y sus padres*. España: Síntesis.

Winnicott, D.W. (1990) *Realidad y Juego*. Argentina: Gedisa.

Yves, J. (2004). *La destructividad en el niño y el adolescente. Clínica y seguimiento*. España: Herder.

Visión psicoanalítica de la voluntad a través del cuento "El Principito"

Claudia Mercedes Sotelo Arias

Para iniciar el presente trabajo, se parte del concepto etimológico de la voluntad, ésta procede del latín *voluntasatis* que significa querer. La descripción etimológica de la palabra voluntad tiene tres significados: la *potencia* de querer, el *acto* de querer y lo *querido* o pretendido en sí mismo.

La voluntad es la potencia del hombre para querer algo, lo cual implica el acto de admitir o rechazar. La voluntad es un tema anclado en la teoría de las relaciones con los seres queridos y significativos, es decir, admitir o rechazar la cercanía con las personas. Consiste ante todo, en un acto intencional de inclinarse o dirigirse hacia algo o alguien, interviene un factor determinante: la decisión.

La voluntad como resolución de tareas también significa saber lo que uno quiere o hacia dónde se dirige (Rojas, 2000). La voluntad está formada por tres elementos asociados que la configuran y describen como un todo:

1. Tendencia. Es el anhelo, aspiración, preferencia por algo o alguien. Es la previa representación interna de lo que se quiere llevar a cabo. La tendencia resalta la relación con una persona significativa, ya que los actos de voluntad van dirigidos hacia una persona significativa en nuestra vida afectiva.

2. Determinación. Se refiere a las razones que se tienen para actuar. El sujeto tiene determinación de la voluntad cuando logra hacer una distinción, un análisis, evaluación de la meta que busca una aclaración y esclarecimiento de lo que quiere. De acuerdo a la teoría de Fairbairn (1992), se observa que la determinación de la voluntad, no sólo depende de las capacidades genéticas del individuo, sino también y principalmente, del modo en que reaccione ante las personas

significativas interiorizadas ,en su etapa de estructuración psíquica, y ante las personas que lo rodean actualmente. Así que la voluntad se halla en una constante búsqueda de personas significativas.

3. Acción. Es la puesta en marcha del Yo en búsqueda de aquéllo que se pretende. Es el cumplimiento de los movimientos útiles y propios para llevar a cabo la idea elegida. Por lo tanto, la voluntad se completa con la ejecución de la decisión; con la acción del Yo propiamente dicha.

La voluntad implica las acciones estructurales de desear y querer. En primer término, desear es pretender algo placentero desde el punto de vista del Ello, que no deja huella, ya que pronto decrece la ilusión que provoca en nosotros. Mientras que querer se refiere al acto Yoico de aspirar a algo anteponiendo la voluntad, siendo capaces de concretar y sistematizar la conducta por medio de movimientos del Yo.

Por lo tanto, se afirma que el deseo se presenta en el plano pulsional, y el querer en la voluntad, en el Yo. Se conjuga entonces la hipótesis económica con la carga pulsional; el acto de querer implica el aspecto dinámico de la personalidad de dirigir afectos, pensamientos y acciones hacia alguien.

Es necesario que a nivel estructural, el Yo actúe conjugando el deseo y el querer para actuar con determinación y voluntad; sin dejar de lado las relaciones interpersonales. Los actos volitivos, por lo tanto, tienen una génesis y una adaptación (Sotelo, 2003).

Los cuentos populares han existido a lo largo de todo el mundo, han sido adaptados a la cultura de diversas tribus, razas, y naciones. Entre los cuentos más conocidos se encuentran Caperucita Roja, Blanca Nieves, El Principito, etcétera.

Freud (1915/ 1981) puso de relieve lo simbólico de los cuentos, que junto con los mitos y las leyendas se refieren a la parte más primitiva de la psique: el inconsciente y las pulsiones.

Los cuentos ofrecen al lector la posibilidad de pensar que la situación relatada se trata de una representación de sí mismo; permitiendo así poner en práctica la voluntad. Padilla (2003) plantea que los cuentos enriquecen la vida del niño cuyo mensaje principal es luchar contra las dificultades serias de la vida que son inevitables. Estos conflictos son parte de la existencia humana, de modo que el personaje del cuento debe superar con voluntad obstáculos para salir victorioso.

Roheim (1973) muestra que los cuentos tienen tres funciones básicas: conexión, transferencia e intermediario de la realidad. Los cuentos buscan conectar al lector con hechos que permitan transformar su realidad; sirven de intermediarios para ejercer acciones que fortalezcan al Yo en práctica de actos volitivos.

Coulacoglou (2002) agrega que los cuentos relacionan procesos primario y secundario; transforman fantasías inconscientes en narraciones estructuradas. Por su parte, Käes y otros (1989) plantearon en sus investigaciones que en los cuentos la forma y los simbolismos hacen audible la voz del deseo, de las pulsiones y, finalmente actúan como intermediarios entre el cuerpo y el entorno social; es decir, los cuentos ayudan a mediar entre el Yo y las pulsiones. A la manera del síntoma, González Núñez (1993) afirma que es una formación de compromiso entre el Yo y las defensas; mediante la cual se expresan las pulsiones a través del Yo y se conservan defensas contra lo reprimido.

La voluntad transforma de modo yoico la pulsión para concretar éxitos y logros como los que se observan en los cuentos. Permite poner en marcha al Yo en la búsqueda de aquello que se pretende.

En los cuentos al igual que en otras técnicas proyectivas se usa la interpretación simbólica a tres niveles: 1. Personas importantes en la vida del lector, es decir, la persona hacia la cual se dirigen los actos de voluntad. 2. Representaciones de una parte de la personalidad; en la voluntad se requiere conjuntar todos los elementos de la persona para concretar éxitos. 3. Representación de los procesos internos, Ello, Yo y Superyo; que se sintonizan para que la voluntad se lleve a cabo (Coulacoglou, 2002).

Resumen del cuento El Principito

En esta novela, un aviador se encuentra perdido en el desierto del Sahara, después de haber tenido una avería en su avión. Entonces aparece un pequeño príncipe. En sus conversaciones con él, el narrador revela su propia visión sobre la estupidez humana y la sencilla sabiduría de los niños que la mayoría de las personas pierden cuando crecen y se hacen adultos.

El principito vive en un pequeño planeta, el asteroide B 612, en el que hay tres volcanes (dos de ellos activos y uno no) y una rosa. Pasa sus días cuidando de su planeta, y quitando los árboles baobab que constantemente intentan echar raíces allí. De permitirles crecer, los árboles partirían su planeta en pedazos.

Un día decide abandonar su planeta, quizás cansado de los reproches y reclamos de la rosa, para explorar otros mundos. Aprovecha una migración de pájaros para emprender su viaje y recorrer el universo; es así como visita seis planetas, cada uno de ellos habitado por un personaje: un rey, un vanidoso, un borracho, un hombre de negocios, un farolero y un geógrafo, los cuales, a su manera, demuestran lo vacías que se vuelven las personas cuando se transforman en adultas.

El último personaje que conoce, el geógrafo, le recomienda viajar a un planeta específico, la Tierra, donde entre otras experiencias acaba conociendo al aviador que, ya habíamos comentado, estaba perdido en el desierto.

El cuento El Principito fue publicado en 1943/1992, es un cuento escrito por el aviador francés Antoine de Saint-Exupéry. En apariencia es un libro infantil, en él se tratan temas profundos como el sentido de la vida, la amistad, el amor, la riqueza del ejercicio y práctica de la voluntad.

En este cuento Saint-Exupéry se imagina a sí mismo perdido en el desierto del Sahara, después de haber tenido una avería en su avión. Entonces aparece un pequeño príncipe extraterrestre. En sus conversaciones con él, el autor revela su propia visión sobre la irracionalidad humana y la sencilla sabiduría de los niños que la mayoría de las personas pierden cuando crecen y se hacen adultos. (Saint-Exupéry, 1943/1992).

El Principito deja de lado las fantasías de omnipotencia y favorece la función de dominio-competencia. Los cuentos reflejan conflictos y ansiedades, en el Principito se plantean diversos conflictos a los que se enfrenta el Yo como el manejo adecuado de la relación interpersonal, la expresión y control de las pulsiones, contacto con la realidad; todos ellos resueltos al concretar actos volitivos.

Para empezar el análisis de la visión psicoanalítica de la voluntad a través del cuento El Principito, recordemos que éste fue escrito por un aviador que se imagina a sí mismo perdido en el desierto del Sahara, después de haber tenido fallas técnicas en el avión que viajaba. Se le aparece el Principito que lo lleva a una serie de reflexiones sobre el ejercicio de la voluntad, mismas que reflejan el mundo interno del autor.

Según el propio Principito cuenta, en su planeta había hierbas buenas y hierbas malas. Por consecuencia, éste afirmaba que de semillas buenas se dan hierbas buenas y de semillas malas, hierbas malas. El Principito expresaba al aviador, que las semillas no se ven; no se pueden diferenciar entre buenas y malas. Duermen en el secreto de la tierra hasta que una de ellas se despierta. Entonces se asoman tímidamente hacia el sol. Si se trata de una mala hierba hay que arrancarla inmediatamente, en cuanto se le reconozca, recalcaba; son los llamados "baobabs". Si se deja crecer a los "baobabs", ya no es posible desembararzarse de ellos. Deshacerte de ellos, decía, "es cuestión de disciplina, es un trabajo que puede resultar aburrido pero fácil" (Saint-Exupéry, 1943/1992, p. 23). Es un acto de voluntad el que hacía constantemente el Principito para deshacerse de sus pulsiones agresivas depositadas en los "baobabs".

El Principito se refiere a un acto yoico de control de sus pulsiones para disciplinar su voluntad. Reconoce que la manifestación de sus pulsiones, "baobabs", si no se detiene a tiempo su curso, se vuelven incontrolables. Se observan entonces los tres elementos de la voluntad. La tendencia es su planeta, dirige su voluntad hacia éste como representación de los padres. La determinación es el cuidado que tiene el Principito hacia su planeta, no quiere que sea destruido por los "baobabs", es decir, los cuida de sus pulsiones agresivas. El tercer elemento, la acción, se logra arrancando las semillas de tales árboles antes de que crezcan, es la función del Yo del control de pulsiones.

Del Ello y del Yo se toma la energía requerida para la fuerza de la voluntad, son los deseos sus motores. Así que los deseos se transforman en actos de voluntad. Es importante mencionar que debido a los instintos del Ello, se requiere la organización del Yo para cimentar y postergar las pulsiones; concretando así, la voluntad (Sotelo, 2003). El Principito se disciplina desde el Yo para controlar las pulsiones del Ello y mantener cuidado su planeta.

En otro relato, se retoma el tema de las pulsiones y el entorpecimiento de la voluntad. Mientras el aviador se encontraba muy ocupado tratando de arreglar el motor de su avión; dice: "–estaba muy preocupado, pues mi avería comenzaba a preocuparme y, el agua para beber se agotaba y me hacía temer lo peor–. Por su parte, el Principito muy inquieto por conocer más de la flor que cuidaba, y regaba todos los días. Preguntaba al aviador: "¿Las espinas para qué sirven?" (Saint-Exupéry, 1943/1992, p. 28). El Principito nunca renunciaba a una pregunta, una vez formulada, reflejando la fuerza de su voluntad.

Mientras tanto, expresaba el aviador: "Yo estaba irritado por la avería del motor y sólo respondí: 'Las espinas no sirven para nada, son pura maldad de las flores'" (Saint-Exupéry, 1943/1992, p. 28).

"¡Oh!" Y después de un silencio, me dijo algo resentido: "¡No te creo! Las flores son débiles. Son ingenuas. Se defienden como pueden y las espinas son su defensa." (Saint-Exupéry, 1943/1992, p. 29).

Después de una discusión con el aviador, quien se hallaba muy ocupado arreglando su avión. El Principito concluye: "Si alguien ama una flor de la que no existe más que un solo ejemplar entre millones y millones de estrellas, esto es suficiente para ser feliz. Si uno tiene una flor única y especial, por lo tanto, tiene razón y fuerza para vivir." (Saint-Exupéry, 1943/1992, p. 30).

Lo anterior se refiere a la relación significativa con otra persona, si uno tiene una persona única y especial, se tiene asegurado el amor bajo la fuerza del ejercicio y práctica de la voluntad. Se realizan actos dirigidos hacia esta persona significativa que nos aseguren su cuidado. La intencionalidad para que la voluntad se desarrolle proviene, como dice el Principito, de una flor única y especial, diferente a todas las demás; su fuerza viene de las relaciones interpersonales.

La determinación de la voluntad se encuentra en la relación afectiva; aquí se hallan las razones para actuar. En el contacto con los otros se desarrollan afectos positivos acompañados de las acciones del Yo que permiten un control pulsional adecuado. El Principito se encuentra un zorro a quien invita a jugar, recibiendo la siguiente respuesta: "No puedo jugar contigo –dijo el zorro–. No soy un zorro domesticado."

—¡Ah! Perdón –dijo el Principito. Pero después de reflexionar unos minutos, agregó insistentemente– ¿Qué significa domesticar?

—Es algo muy olvidado –dijo el zorro–. Significa crear lazos.

—¿Crear lazos?

—Sí –dijo el zorro–. Para mí tú eres sólo un muchacho igual a otros muchachos. Y no te necesito. Y tú tampoco me necesitas. Yo sólo soy un zorro como cualquier otro. Pero si tú me domesticas, tú necesitarás de mí y yo de ti. Serás para mí único en el mundo. Y yo también seré para ti único en el mundo.

—En mi planeta hay una flor y creo que me ha domesticado– dijo firmemente el Principito.

El zorro agregó:

—Sólo se conocen las cosas que se domestican. Los hombres ya no tienen tiempo de conocer nada. Las cosas las compran ya hechas a los mercaderes. Si tú me domesticas mi vida se llenará de sol.

El Principito reflexionó y agregó:

—La diferencia entre mi rosa y todas las que he visto aquí en la Tierra, es que nadie las ha domesticado. Están como estaba el zorro que domestiqué. Sólo era un zorro común y corriente, como cien mil otros.

Después de establecer una relación afectiva con el zorro, éste le confió un secreto al Principito que nunca más pudo olvidar. –No se puede ver bien con los ojos, sólo con el corazón. Lo esencial es invisible para los ojos. Los hombres han olvidado esa gran verdad –agregó–. Pero tú no lo olvides. Eres responsable para siempre de lo que has domesticado. Eres responsable de tu rosa. (Saint- Exupéry, 1943/1992, p. 75).

Para domesticar al zorro el Principito tuvo que actuar en tiempo, espacio y persona adecuados; toleró la frustración para lograr crear un lazo afectivo que lo vinculó con el zorro. Crearon entre ellos una relación donde el Principito ganó el aprendizaje de ser responsable de lo que ha domesticado; es decir, el Yo le dió la satisfacción de desarrollar su voluntad. Estos actos le dieron la gratificación de disfrutar la conducta volitiva emprendida. Estaba orgulloso de la flor y de su zorro que había domesticado con paciencia y constancia, con voluntad.

Recordando las palabras del zorro. El Principito expresó con firmeza al aviador: "En tu Tierra, los hombres cultivan cinco mil rosas en un mismo jardín, y nunca encuentran aquello que buscan. No entienden que podrían encontrar en una misma rosa todo lo que necesitan". (Saint-Exupéry, 1943/1992, p. 76).

Retomando a González Núñez (1993), éste plantea que la relación de objeto es única y especial, hecha a nuestra medida. La voluntad requiere que el Yo haga una diferenciación entre la voluntad propia y el deseo externo. Esto mismo sucede en el Princinpito, actualmente nos enfrentamos al problema de cómo mantener la voluntad con el fin de que los afectos continúen ligados a las personas correctas. Es decir, es importante actuar en el tiempo, espacio y persona adecuados. Lo que buscamos y necesitamos para fortalecer la voluntad podría encontrarse todo no en cinco mil rosas, sino en una sola rosa, en una sola persona y responsabilizarse de ella.

Freud en 1915 al escribir los instintos y sus destinos se refirió a dos características básicas del objeto (persona o cosa significativa para el individuo): primero, es un medio de satisfacción y segundo, el objeto puede hallarse inserto en la historia del sujeto.

Así, una sola persona o cosa querida puede ser precisa o sustitutiva del mismo que reúna las características básicas del original. Además es capaz de proporcionar la satisfacción; en este sentido los rasgos del ser querido son eminentemente singulares, exclusivos, diferentes de los demás.

Como si el Principito tuviera la voluntad específica y perentoria, constante de encontrar no cualquier rosa, sino esa rosa específica entre las cinco mil que satisface sus necesidades originales que motivaran sus actos volitivos. Todos al igual que el Principito tenemos la voluntad de establecer una relación más o menos permanente con personas, animales, plantas o cosas que tienen importancia en nuestra vida emocional; cuando las personas tienen relevancia afectiva se vuelven únicas e irrepetibles.

Cuando los afectos se ligan a personas inadecuadas, se debiera tener la voluntad para alejarse de ellas antes de que sus espinas, los "baobabs"; sus pulsiones, nos invadan y quiebren la fuerza de nuestra voluntad. Esto nos lleva a enfrentarnos a una gran dificultad que radica en cómo mantenerte ligado a personas que sirvan y mantengan la fuerza volitiva; y como alejarse de las personas que generan afectos negativos y bloquean el curso de los actos de voluntad.

En otro pasaje del cuento, se narra que en el asteroride 325 vivía un rey; estaba sentado en un trono muy sencillo pero majestuoso. "–¡Ah! He aquí un súbdito– exclamó el rey cuando vio al Principito.

El Principito preguntó. –¿Cómo puede reconocerme si nunca antes me había visto?– Bostezó el Principito.

—Es contrario al protocolo bostezar frente a un rey –le dijo el monarca–. Te lo prohíbo.

—No debe prohibírmelo, yo no puedo evitarlo.

—Entonces –le dijo el rey– te ordeno bostezar, anda bosteza, es una orden.

—Ahora resulta que no puedo bostezar, me ha intimidado.

—¡Hum! –respondió el rey–. Entonces te ordeno bostezar o no bostezar..." (Saint-Exupéry, 1943/1992, p. 41).

El rey exigía únicamente que su autoridad fuera respetada. Y no toleraba la desobediencia. Era un monarca absoluto. Pero a pesar de eso, era muy sabio y solo daba órdenes razonables. El rey reinaba y mandaba bajo la dinámica de que hay que exigir a cada uno lo que cada uno puede hacer; la autoridad debe estar basada en la razón.

Retomando el discurso del rey, para el psicoanálisis la voluntad es la capacidad de hacer un esfuerzo para organizarse uno mismo de tal suerte que pueda tener lugar un movimiento en cierta dirección, hacia una meta determinada, es decir, hacia una persona. Dicha relación con un ser significativo se acompaña del deseo, esta fuerza de la pulsión proveniente del deseo es alimentada por la voluntad.

El verdadero desarrollo de la voluntad tiene dos propósitos: la seguridad de que se tiene la potencialidad para actuar y la fuerza de moverse a sí mismo para querer o no querer. Es decir, la voluntad actúa en función de la fuerza del Yo.

Como diría el rey al Principito, nadie puede mover la voluntad de otro según su propia voluntad, nadie puede querer algo si la voluntad propia no accede. La voluntad se inclina a seguir la razón verdadera y recta, es decir, busca la naturaleza propia, cada uno hace los actos de voluntad que puede según su propia fuerza del Yo. Uno realiza actos éticos que nos hacen fortalecer el ejercicio de actos volitivos.

En conclusión, el cuento el Principito se ha vuelto universal, ha sido traducido a más de 180 lenguas distintas debido a que plantea las dificultades para responsabilizarse de la vida, es decir, motiva constantes actos de voluntad. El autor del Principio quiere resaltar los actos irracionales de los adultos, planteados a través de las metáforas del cuento.

La voluntad tiene tres elementos: tendencia, determinación y acción.

La voluntad implica las acciones estructurales de desear y querer. El deseo se presenta en el plano pulsional, y el querer en la voluntad, en el Yo. El acto de querer implica el aspecto dinámico de la personalidad de dirigir afectos, pensamientos y acciones hacia alguien. Hay que actuar con determinación y voluntad; sin dejar de lado las relaciones interpersonales.

Bibliografía

Coulacoglou, C. (2002). *Test de los Cuentos de Hadas*. Barcelona, España: Tea Ediciones.

Fairbairn, R. (1992). *Estudio Psicoanalítico de la Personalidad*. Buenos Aires, Argentina: Hormé.

Freud; S. (1915/1997). Los Instintos y sus Destinos. En: *Obras Completas*. Tomo II. Madrid, España: Biblioteca Nueva.

González Núñez, J. J. (1993). *Teoría y técnica de la terapia psicoanalítica con adolescentes*. México: Trillas.

Käes, R. y otros (1989). *Fairy Tales and Cocuhes*. París: Dunod.

Padilla, M. (2003). *Psicoterapia de Juego*. México: Plaza y Valdés.

Roheim, G. (1973). Fairy Tales and Dream. En: *The Psychoanalytic Study of Child*. Vol. III. New York: International Press.

Rojas, M. (2000). *La conquista de la voluntad*. México: Temas de hoy.

Saint-Exupéry, A. (1943/1992). *El Principito*. México: Época.

Sotelo, C. (2003). La Voluntad. Un Punto de Vista Psicodinámico. Tesis de Maestría en Psicoterapia Psicoanalítica Individual. México: Instituto de Investigación en Psicología Clínica y Social.

La novela familiar del neurótico, la historia del Mago de Oz y un caso clínico

Jael Alatriste García

En consideración al trabajo que Freud realizó sobre la novela familiar del neurótico (1909 [1908]), se observa que una característica de la neurosis como también de todo talento superior, es la particularísima actividad fantaseadora que se revela primero en los juegos infantiles y luego, más o menos desde la época de la prepubertad, se apodera del tema de las relaciones familiares (Blinder, Knobel y Siquier, 2004).

Se expresa también en los consabidos *sueños diurnos*, que se prolongan mucho más allá de la pubertad. Sirven al cumplimiento de deseos, a la rectificación de la vida y conocen dos metas principales: la erótica y la de la ambición (tras la cual, empero, las más de las veces se esconde la erótica). Hacia la edad que se ha mencionado la fantasía del niño se ocupa en la tarea de librarse de los menospreciados padres y sustituirlos por otros, en general unos de posición social más elevada como parte de su novela familiar.

Para ello, se aprovechan encuentros casuales con vivencias efectivas (conocer al señor del castillo o al terrateniente en el campo o a los nobles en la ciudad). Tales vivencias casuales despiertan la envidia del niño, envidia que luego halla expresión en una fantasía en la que sustituye a sus dos padres por unos de mejor cuna.

Una notable variante de esta novela familiar consiste en que el protagonista fantaseador reclama para sí mismo la legitimidad, a la vez que así elimina por ilegítimos a sus otros hermanos.

Se podrían considerar a estas fantasías como inconcebibles. Sin embargo, la ternura originaria del niño hacia sus padres se ha conservado y las fantasías noveladas sobre ambos progenitores trastocados en personas nobles, grandiosas, están íntegramente dotados con rasgos que provienen de recuerdos reales de los padres, de tal manera que no se elimina a los padres verdaderos, sino que los enaltece en relación a la añoranza de esa dichosa edad en que su padre le parecía el hombre más noble y poderoso y su madre la mujer más bella y amorosa. Así que una de las expresiones de la fantasía es el lamento por la desaparición de esa dichosa edad.

Una interesante contribución a este tema proviene del estudio de los sueños y su interpretación; muestra que aún en los años posteriores, el emperador y la emperatriz, o el ogro, la bruja o el brujo, significan en los sueños al padre y a la madre. De ahí que la sobreestimación, la devaluación o temor infantil hacia los padres se han conservado también en el sueño del adulto normal. De igual manera, se infiere que estos elementos significativos se hallan en los cuentos, mitos y fábulas.

Mitos, leyendas, sueños y fantasmas

Los mitos son metáforas de la conducta buena y mala del ser humano y de cómo sería la vida en el más allá. En ese sentido, los mitos cimentaban las estructuras mentales sobre las que los antiguos construían su concepto de la vida (Scott Littleton, 2004). Y lo hacían bajo un discurso narrativo, en forma de historias que la gente pudiera recordar y con las que pudiera identificarse y que, en definitiva, les hiciera reír, llorar o atemorizarse.

De ahí que muchos de los temas universales aparecen en los sueños, por lo que Jung (1969) desarrolló su teoría del inconsciente colectivo, es decir, observó que, en una parcela de la mente inconsciente, tienen cabida una colección de recuerdos e imágenes comunes a todo ser humano. De ahí que el arquetipo designa a los símbolos mentales con un carácter universal.

A su vez, el estudio comparado de los mitos y los cuentos de hadas, permitieron a Roheim (citado en Blinder, Knobel y Siquier, 2004) elaborar la hipótesis de que el relato oído y contado del sueño le permite al individuo revivir los mitos ancestrales y familiares. En esta perspectiva, el sueño que retoma la herencia de los mitos es la expresión más precoz y económica de protección contra la excitación, que pone en peligro la unidad psicológica. Se observa, por lo tanto, que al pequeño le resulta difícil diferenciar el sueño de sus fantasías (Blinder, Knobel, y Siquier, 2004) y al adulto le resulta difícil no considerar el sueño como una premonición que se va a concretar en la realidad, casi de forma literal.

Al respecto, los griegos pensaban que trabajar con los sueños tenía un efecto directo en la salud.

Comentan Blinder, Knobel y Siquier (2004) que si hay un vivo interés por los dramas o tragedias, como Edipo Rey o Hamlet, es porque las compulsiones inconscientes, reprimidas, que en ellas se consuman pasan por el juego velado de los reconocimientos, de las identificaciones despertadas y negadas. Sin esta presencia de la negación no podrían desplegarse los movimientos de las identificaciones entre actores y espectadores.

Es el fantasma que la conciencia no capta, develador en su origen inconsciente que permite llegar a él. Su origen es lo que descubre su destino. Freud (1900) lo compara con los mestizos; se asemejan a los blancos pero tienen un rasgo chocante que los excluye de ellos. De esta misma naturaleza son los fantasmas que se reconocen como los estados preliminares en la formación de los síntomas y de los sueños.

Son rechazados y no pueden llegar a ser conscientes, son seres mixtos como el andrógino y el centauro. Lo que ofrece el mejor ejemplo de relación entre fantasma y mito es el complejo de *Edipo*. Freud (1900) lo buscó y lo encontró en los fantasmas del sueño y gracias a él, retornó al mito de Sófocles, lo reencontró y le dio su nombre. Sólo el mito convertido, retornado, dio origen en Freud al psicoanálisis (Blinder, Knobel y Siquier, 2004).

Cuando Freud hubo de completar la teoría del *Edipo*, recurrió a otro mito, el de *Narciso*. De esta conversión recíproca nos habla la elección del nombre de pila, con las tradiciones familiares implicadas. Dar el nombre de un antepasado, un santo, un rey, es como consagrarlo al mito.

El tiempo es el mismo en el mito, en el cuento y en el fantasma. Hay intemporalidad, que no es lo mismo que ausencia del tiempo. Es el "había una vez". La forma o contenido manifiesto, por ejemplo en los cuentos de hadas, presenta elementos típicos con personajes y temas elaborados a la manera de los sueños y los síntomas, es decir, multideterminados. El cuento es una pantalla de proyección para los sueños diurnos, por ejemplo, durante el proceso que atraviesa el niño, de los fantasmas y angustias propias del complejo de Edipo.

Hay elementos comunes entre el mito, el cuento y el fantasma; la acción transcurre en comarcas gobernadas por la realeza (figuras parentales idealizadas) y la protagonista se relaciona con la gente del llano en el momento del conflicto. Freud (1909 [1908]) lo plantea en la novela familiar, junto con las teorías sexuales infantiles, donde hace referencia a los fantasmas. Aparece en la muerte de la madre: en *Blancanieves*; en la muerte de *Maléfica*, en el caso de la *Bella Durmiente*. El padre, en general, es un padre ausente, sin gran relevancia, sin poder de interdicción. Es una fantasía de la novela familiar sellada por la orfandad y la desprotección y al mismo tiempo la presencia de una figura idealizada dotada de poderes mágicos (hada madrina), como parte disociada de la imago materna.

Cuentos y fantasmas psíquicos

En los cuentos, la familia sustituta es en general fantasmática. Blinder, Knobel y Siquier (2004) comentan los siguientes aspectos psíquicos insertados en los cuentos. Se trata de animales o de seres extraños como los enanos de Blancanieves y la imago de la madre fálica representada por la bruja; en el caso de la Bella Durmiente se introduce el fantasma de la madre fálica devoradora. En el crecimiento y en la eclosión del drama, aparece la rivalidad de la madre. La mujer fálica tiene poderes omnipotentes; orales, anales, uretrales y fálicos, además de elementos bizarros que lanza a la doncella, que es la púber en aras de un gran tesoro (la juventud y la sexualidad). Existe una transacción y un sometimiento de ésta con respecto a la madre fálica.

Los cuentos de hadas surgen como fragmentos de distintos mitos que se combinan entre sí y cuya trama está centrada en el Edipo.

Hay ciertas correlaciones importantes entre los cuentos de hadas y el mito edípico: las dificultades de los reyes para tener hijos, la idealización colocada en la naturaleza que, junto a los humildes, salva a los protagonistas y la gran rivalidad con la madre, que se acompaña con el fortalecimiento de los deseos incestuosos.

El complejo de Edipo conllevará diferentes significaciones, su mito personal y, en el futuro, dado por el mundo adulto, el universo simbólico donde esa niña está incluida.

La madre atraviesa una crisis narcisística y, mirando la pubertad de su hija, recrea una parte de su pasado y del vínculo fantasmático con su propia madre. Así, la hija tendrá que romper con la estructura narcisística de la infancia. Como un ejemplo de ello, se puede mencionar el mito que recoge la madre de Blancanieves, madrastra que sustituirá a la madre en el momento del parto por la muerte de ésta. Es una mujer que aparece en el cuento como poco importante. La pubertad de la niña le provoca una crisis y la convierte en una bruja, una madre malévola, competitiva, que comienza a consultar el espejo.

La pubertad se convierte en una situación peligrosa, porque implica un desfase entre las posibilidades que biológicamente otorga la menstruación, la elección de un objeto exogámico y la maternidad.

Hay un lapso que dura varios años, con la angustia que suscita a la niña el que se diga "ya eres mujer". Este tiempo que necesita para desvincularse de esa imago materna que la apresa en una estructura narcisística, permitiendo el paso del padre, está significado en el mito o en el cuento por el sueño o letargo. Las fantasías de catalepsia, sueño que dura muchos años, compatible con la vida, suscita temores claustrofóbicos, de enterramiento en vida, tal vez relacionados con duelos que no se pueden elaborar.

Lévy Strauss (2004) afirma que los dragones estarían mostrando el peligro que afronta el hombre para salir de la situación endogámica.

La pérdida de los padres en la infancia es un verdadero momento de ruptura narcisística, pero el elemento de pérdida importante es en relación con la madre como Yo-ideal. El padre muchas veces es subsidiario de ese vínculo. Los síntomas de este duelo se manifiestan, por un lado, en la aparición de fantasías mágicas y megalómanas y, por otro, en una retracción narcisística.

La pubertad plantea un acto de infidelidad doloroso e inevitable para con la madre, en tanto la adolescencia lo plantea en relación con el padre. Si la niña púber no puede salir de esta situación, se puede pensar que va a tener serias dificultades en su identificación femenina, porque, al tiempo que tiene que separarse de la madre fálica e incestuosa, tiene que identificarse con los aspectos sexuados de esa madre marcada por la castración, para poder realizar su maternidad con mayor o menor éxito.

La relación pasiva con la madre aparece en los cuentos, donde la niña es el objeto pasivo de los ataques de la madre fálica, sin que el padre pueda salvarla hasta que aparece el objeto exogámico, el príncipe que cumple esta función. Por ello, las fobias y los síntomas hipocondríacos la acercan a la madre y la alejan del padre, la incluyen en una fantasía concéntrica que tiene que ver con el hogar, el quedarse con ella.

Otro fantasma que comentan Blinder, Knobel y Siquier (2004), aparece relacionado con la madre es aquel por el cual el crecimiento de la hija provoca la vejez de la madre. Muchas veces este fantasma viene ratificado por la propia madre. Ella se enfrenta con sus propias pérdidas al tener que abandonar ciertas fantasías omnipotentes. Esto provoca situaciones de choque que se traducen en un vínculo rebelde y culposo, que posteriormente puede llevar a la hija a dedicar su vida a la madre. Son las mujeres que cuidan a su madre y prescinden de su vida sexual, de su maternidad, convirtiéndose en madres de sus madres. Así, la púber se encuentra prisionera de una paradoja; renunciar a esa imagen primordial es perder las razones para vivir, pero mantenerse aferrada a ella supone la condena a no vivir.

Un momento vulnerable en la adolescencia media (González Núñez y Nahoul, 2007), se da porque no tiene figuras cercanas reales con las cuales identificarse, pues corre el riesgo de identificarse con figuras del medio ambiente de forma negativa. Otro momento, es cuando los padres no confían en lo que es y lo que dice su hijo adolescente. En especial es importante que se dé la cercanía con el padre. Por eso es necesario que la madre permita la entrada del padre en la relación con su hijo.

1. El amor tierno precede a la experimentación heterosexual. Es posible pensar que si el muchacho no ha vivido con intensidad el amor platónico, tierno, es probable que no haya pasado de la adolescencia.

2. El adolescente necesita ayuda desde el mundo externo para el logro de la heterosexualidad y de su identidad. Es preciso que los adultos que lo rodean muestren una escala de valores y una actitud firme y flexible que le permita reconocer límites en el exterior. También solicita que los adultos se comporten con un claro desempeño de su rol personal, social y sexual.

De acuerdo con Erikson (1978) en la pubertad y la adolescencia todas las mismidades y continuidades en las que se confiaba previamente vuelven a ponerse hasta cierto punto en duda, debido a una rapidez del crecimiento corporal que se iguala a la de la temprana infancia y a causa del nuevo agregado de la madurez genital.

En su búsqueda de un nuevo sentimiento de continuidad y mismidad, los adolescentes deben volver a librar muchas de las batallas de los años anteriores, aun cuando para hacerlo deban elegir artificialmente a personas bien intencionadas para que desempeñen los roles de adversarios; y están siempre dispuestos a establecer ídolos e ideales perdurables como guardianes de una identidad final.

El logro principal, de acuerdo a la idea eriksoniana, es la integración que ahora tiene lugar bajo la forma de identidad yoica, es decir, la integración de las identificaciones infantiles. Es la experiencia acumulada de la capacidad del Yo para integrar todas las identificaciones con las vicisitudes de la libido, con las aptitudes desarrolladas a partir de lo congénito y con las oportunidades ofrecidas en los roles sociales. El sentimiento de identidad yoica, entonces, es la confianza acumulada en la que la mismidad y la continuidad interiores, preparadas en el pasado, encuentren su equivalente en la mismidad y la continuidad del significado que uno tiene para los demás, tal como se evidencia en la promesa tangible de una "carrera".

El peligro de esa etapa es la confusión de rol. Cuando ésta se basa en una marcada duda en cuanto a la propia identidad sexual, los episodios delincuentes y abiertamente psicóticos no son raros. Si se los diagnostica y trata correctamente, tales incidentes no tienen la misma significación fatal que encierran a otras edades.

La historia de El Mago de Oz

Dorothy Gale vive en Kansas con su tía Em, su tío Henry y tres amables y graciosos peones: Hunk, Zeke y Hickory. Lamentablemente, la señorita Gulch es mordida por Totó y lleva una orden del sheriff para llevárselo. Totó escapa y regresa con Dorothy, la cual decide escapar, en algún lugar sobre el arcoiris. En su viaje encuentra al profesor Marvel, un cautivador, pero falso adivino que la convence de regresar a su casa. Entra un tornado en Kansas, casi justo cuando ella regresa y por la fuerza del mismo, cae inconsciente de un golpe dentro de la casa, hecho real que se convierte en un sueño de Dorothy.

La casa que vuela por los aires cae en el país de Oz y para fortuna de los habitantes, mata a la bruja mala del Este. Se aparece linda, la bruja buena del Norte, quien le informa de este hecho. Poco después, aparece la bruja mala del Oeste (quien es una mujer parecida a la señorita Gulch), para reclamar los zapatos de rubí. Glinda, mediante su varita mágica, transporta los zapatos a los pies de Dorothy y le recuerda a la bruja que su poder no tiene efectos en Munchkinland. La bruja jura vengarse de Dorothy y se va en su escoba acompañada de un resplandor de fuego y humo. Glinda le dice a Dorothy, quien está ansiosa de regresar a casa, que la única manera de retornar es pidiendo ayuda al misterioso Mago de Oz en ciudad Esmeralda. Glinda le advierte a Dorothy que nunca se quite los zapatos de rubí y que siga el camino amarillo para llegar a ciudad Esmeralda.

En el camino se encuentra a un hombre de hojalata que desea tener un cerebro, a un hombre de paja que desea tener un corazón y a un león cobarde que anhela tener valor para ir a ver al mago de Oz. Tanto Dorothy como el hombre de hojalata (quien se parece a Hickory), el de paja (quien se parece a Hunk) y el león cobarde (quien se parece a Zeke), enfrentarán una serie de obstáculos y vicisitudes con la bruja mala que desea obtener los zapatos de rubí que calza Dorothy. La unión de estos personajes les permitirá salvarse y destruir a la bruja mala que tiene aterrada a los habitantes de Oz y así poder llegar a ciudad Esmeralda.

Llegan a ciudad Esmeralda y les es permitido ver al mago sólo después de que la bruja vuela sobre ellos, escribiendo en el cielo con su escoba humeante: "ríndete Dorothy". El mago (quien es el hombre que Dorothy se encuentra en el camino y le dice que regrese a su casa porque su tía Em se encuentra enferma) aparece como una terrorífica cabeza flotante, rodeada de fuego y humo. Él acepta ayudarlos sólo si demuestran ser dignos, obteniendo la escoba voladora de la bruja. Después de grandes ataques de la bruja y defensa de parte de ellos, en un acto de maldad, la bruja prende fuego al espantapájaros y Dorothy para apagar el fuego levanta un cubo de agua y accidentalmente moja a la horrorizada bruja porque el agua la derrite. Para la sorpresa del grupo, los soldados están felices. Ellos le dan a Dorothy la varita para agradecerle por liberarlos de la bruja. De regreso con el mago, él les dice que se vayan y vuelvan mañana. Gracias a Totó ellos descubren que el mago no es realmente un mago, sólo un hombre detrás de una cortina.

Ellos se sienten decepcionados pero el mago resuelve sus deseos a través del sentido común. Al espantapájaros le da un diploma, al hombre de estaño le da un reloj con forma de corazón y al león le entrega una medalla al valor.

El mago le explica que él también nació en Kansas y que su presencia en Oz es el resultado de un escape en un globo aerostático. Él promete llevar a Dorothy a casa en el mismo globo, después de dejar al espantapájaros, al hombre de hojalata y al león a cargo de la ciudad Esmeralda. Justo antes de despegar Totó salta fuera de la canasta del globo para atrapar a un gato. Dorothy salta para atraparlo y el mago, incapaz de controlar el globo, se va sin ella. Ella se resigna tristemente a pasar el resto de su vida en Oz hasta que Glinda aparece y le dice que ella puede usar los zapatos de rubí para regresar a casa con Totó. Glinda explica que no se lo dijo en un principio porque ella necesitaba aprender que "si no puedes encontrar el deseo de tu corazón en tu propio patio, entonces nunca lo tuviste realmente".

Glinda le dice que golpee sus talones y repita: "no hay lugar como el hogar". Ella se despierta en su habitación, rodeada de sus tíos y los agradables peones. Les cuenta su viaje y todos se ríen y le dicen que fue un mal sueño. Una feliz Dorothy, todavía convencida de que el viaje fue real, abraza a Totó y le dice: "realmente no hay lugar como el hogar".

Los objetos internalizados en la historia infantil de El Mago de Oz

La identificación expresa un modo de creación novelesca. Freud (1909 [1908]) comenta que no hay síntoma que no esté motivado por una novela, es decir, un conjunto de relaciones de personas y, por lo tanto, la identificación neurótica es una identificación novelesca, un modo de pensar inconsciente que modifica al Yo. El Yo es como la marioneta de un drama, cuyos auténticos motivos sólo se pueden adivinar si se sigue el juego de las identificaciones.

Fairbairn (1962) avala esta posición y considera a todas las figuras que aparecen en los sueños representantes o partes de la propia personalidad del soñante (concebidas en términos de Yo, Superyó y Ello) o identificaciones por parte del Yo. Desde otra perspectiva, los sueños, según el autor, son *shorts (en la acepción cinematográfica)* de situaciones existentes en la realidad interior o partes del "Yo" u objetos internalizados.

En la historia de "El Mago de Oz", escrita por Baum (1900) el autor plantea diversos aspectos psicológicos del ser humano, a través del sueño de Dorothy:

Dorothy es huérfana de padres y por eso vive con sus tíos, tres peones y su querido perro Totó. Ella tiene alrededor de 14-15 años; una edad crucial donde la persona trata de separarse de las imagos parentales de la infancia, en busca de su propia identidad.

Al ser huérfana sus metas se complican y, sin embargo, es necesario ir en la búsqueda de sí misma. Despojarse de los objetos internalizados malos como lo plantea Fairbairn (1940/1962) para deshacer la ambivalencia (escaparse de la casa porque todo parece aterrador) y que predominen los objetos buenos ("no hay lugar como el hogar").

La pérdida de los padres de la infancia es un verdadero momento de ruptura narcisística, pero el elemento de pérdida importante es en relación con la madre como Yo-ideal. El padre muchas veces es subsidiario de ese vínculo. Los síntomas de este duelo se manifiestan, por un lado, en la aparición de fantasías mágicas y megalómanas y, por otro, en una retracción narcisística.

El sueño de Dorothy le plantea la transformación de ser una verdadera adolescente con una identidad propia y con un equipo emocional que le permitirá enfrentar la vida.

La representación del hombre de hojalata que desea un corazón de verdad, el espantapájaros que anhela un cerebro para pensar y un león temeroso y afeminado que desea el valor que lo haga ser un estandarte de su especie, serán metáforas dentro de la historia que plantea la protagonista como un modo de transformación.

No es fortuito la fuga de Dorothy al encontrarse con una mujer airada y vengativa como la señorita Gulch, quien en el sueño representa a la bruja mala que desea quitarle los zapatos de rubí y que representa también al objeto materno internalizado.

Dorothy ya no tiene padres y vive con sus tíos, pero también se encuentra en el camino para lograr su identidad psicosexual y necesita resolver la ambivalencia del objeto internalizado rechazado y anhelado a la vez y su retracción narcisística. Ella tiene que resolver quedarse con una bruja buena como Glinda (la madre que deja crecer a la hija) quien le proporciona los zapatos para que pueda caminar hacia su destino; hacia una ciudad de esperanza que es verde como la vida. Pero ninguna persona puede llegar a su destino sin haber cruzado pantanos, aguas hediondas, ataques vinculares como los que siente Dorothy cuando la bruja mala desea destruirla para quedarse con su vida (la madre reengolfante que desea que la hija se quede a su cuidado). Es decir, quedar atrapada en la órbita narcisística materna para evitar que crezca y que se transforme en una adulta plena. Es parte de la actividad fantaseadora destruir de esa manera la imagen materna porque no hay en la infancia o adolescencia, otros caminos para separarse de una manera madura de esta madre de la infancia.

El fantasma relacionado con la madre, aquel por el cual el crecimiento de la hija provoca su vejez, viene ratificado por la propia madre. Ella se enfrenta con sus propias pérdidas al tener que abandonar ciertas fantasías omnipotentes. Esto provoca situaciones de choque que se traducen en un vínculo rebelde y culposo, que posteriormente puede llevar a la hija a dedicar su vida a ella. Son las mujeres que cuidan a su madre y prescinden de su vida sexual, de su maternidad, convirtiéndose en madres de sus madres. Y para ello se necesita de la identificación paterna, simbolizada por la imagen internalizada de un padre del que necesita ayuda para separarse de una madre dependiente de sus hijos.

La metáfora en Dorothy es quedarse con unos padres sustitutos, entrados en la tercera edad, para cuidarlos en su vejez. Cabe mencionar un pasaje del cuento. El hombre que Dorothy se encuentra cuando huye de casa y le dice que regrese porque sus tíos la andan buscando, encierra la metáfora de que regrese, que no se recluya en sus fantasías y enfrente la realidad. La metáfora es que el padre ayuda a la hija a separarse mediante una congruente y valiente identificación masculina sin necesidad de que se pierda la razón o el adolescente se interne en su mundo interno y se despegue de la realidad.

En el tratamiento, el análisis de la presencia emocional del padre permite que el paciente logre desprenderse del mundo materno infantil y descubra sus propias fortalezas que lo enfilen hacia la individuación y logre su crecimiento. En la historia, Dorothy tiene que salir de casa para enraizarse en el mundo de objetos sustitutos y encontrarse a sí misma; luego regresar al hogar, fortalecida psicológicamente, sin sentir el miedo de ser reengolfada por la madre dependiente.

Desde otra perspectiva, también las fantasías que despliega el niño como parte de su novela familiar tienen como propósito rescatar y mantener la ternura originaria del niño hacia sus padres. Se han conservado y las fantasías noveladas sobre ambos progenitores trastocados en personas nobles y grandiosas, están íntegramente dotados con rasgos que provienen de recuerdos reales de los padres, de tal manera que no se eliminan a los padres verdaderos, sino que los enaltece en relación con la añoranza de esa dichosa edad en que su padre le parecía el hombre más noble y poderoso y su madre la mujer más bella y amorosa.

Dorothy sueña esto a través de ese mundo de brujas y hadas buenas, en los tres personajes que se encuentra en el camino: el hombre de hojalata, el hombre de paja y el cobarde león, que van en busca del mago de Oz (en la búsqueda de descubrir su propia identidad y su libertad emocional).

Así que una de las fantasías es el reclamo por la desaparición de esa dichosa edad y otra es la de rescatar la ternura de la infancia; regresar fortalecida al hogar después de haber luchado contra los monstruos, brujas y obstáculos.

Dorothy también incluye en el sueño a tres personajes que son significativos en su propio mundo interno de las relaciones objetales. Son tres hombres figurados en el sueño de esta adolescente que desean un corazón, un cerebro para pensar y el valor para enfrentar el destino. ¿Es el deseo de Dorothy de identificarse e integrar en sí misma estos tres elementos, tres símbolos universales que siente que le faltan? Parece que sí.

Es decir, un cerebro que le permita rememorar su historia en relación a sus objetos internalizados, a los padres perdidos de la infancia, revisitar sus propios traumas de orfandad y recapturar todos aquellos momentos que le permitieron seguir adelante con la ayuda de sus tíos. La representación del hombre de paja sin cerebro es la metáfora del individuo frágil que no quiere saber de su propia historia y su riesgo es extinguirse rápidamente. Representa al individuo que no quiere recordar los antecedentes de su historia pues se siente incapaz de transformarla. La simbolización del hombre de hojalata sin un corazón nos lleva a la reflexión de que es mejor no sentir el dolor de la pérdida de los padres de la infancia. Fairbairn (1940/1962) comenta que el mundo esquizoide se representa como una "sensación de vidrio", un mundo congelado de sentimientos como una defensa porque el mundo externo es amenazante.

Dorothy se acompaña de su perro Totó, un animalito que no es amenazante para ella y con el cual se escuda del mundo externo. Es una parte de sí misma, una parte de las representaciones "cosa", corporizadas y humanizadas que muestran aspectos de personalidades esquizoides. En los sueños de personalidades esquizoides, tanto los animales como instrumentos o cosas representan identificaciones equivalentes a rasgos de personas (Fairbairn, 1940/1962).

Y como tercer elemento, el león un tanto afeminado que desea adquirir valor, representa el deseo de Dorothy de adquirir una adecuada identidad psicosexual. Ella tiene alrededor de 15 años, un edad crucial en la vida de todo individuo, en que se da una crisis de identidad, una crisis que tiene que llegar a un buen destino. En la historia, estos peones son tres hombres buenos y amables que trabajan para los tíos Emma y Henry.

El mago de Oz es el hombre que se encuentra Dorothy en el camino cuando huye con Totó, para que la señorita Gulch no se lo lleve. Este hombre le dice que vuelva con los tíos. Esta situación se asemeja al terapeuta que lleva al individuo a que se enfrente consigo mismo y no se escude en un mundo interno que lo aparta de la realidad.

Dorothy se asemeja a las personas reales con sus imagos internalizadas. Resuelve que el hombre que le dice que regrese a casa se asemeje al mago de Oz, al cual le pide que la regrese a Kansas. En la metáfora es pedirle al padre que la saque de ese mundo interno y la coloque en un mundo de realidad.

En el sueño también se observa el conflicto tanto el deseo de regresar al mundo real como la compulsión a la repetición, es decir, la resistencia para crecer. Esta lucha interna está representada por el momento en que el hombre que impostaba al mago de Oz, ella y su perro se encuentran en el globo aerostático que los ha de llevar a casa. Totó salta del globo y persigue a un gato y este hecho puede impedir que Dorothy regrese, es decir, despierte de un sueño interminable que la lleva a despegarse de la realidad. Glinda, la madre buena, la ayuda a regresar y le comenta que no hay nada mejor que el hogar. Dorothy despierta con angustia y para su sorpresa se encuentra acompañada de sus tíos y de estos tres peones que la observan con mucha ternura y afecto. La angustia representa el dilema de crecer o no crecer.

Dorothy triunfa al despertar de ese sueño interminable, es decir, ha enfrentado un proceso adolescente, una crisis como la ha llamado Erikson (1978). Sólo ella se puede permitir que el trabajo pendiente para crecer pueda quedar concluido, a través del tiempo y de su propio esfuerzo por comprender y de integrar lo positivo y lo negativo de los padres que perdió y de los padres sustitutos que son la tía Emma y el tío Henry.

En cuanto a la imbricación del cuento de *El mago de Oz* y de su relación con los pacientes, el terapeuta busca corregir las historias noveladas, esas fantasías que los hacen sufrir y aceptar las deficiencias propias que han sido proyectadas en la relación intersubjetiva con las figuras parentales. Muchas veces, los miembros de un grupo se sienten decepcionados porque el terapeuta no les resuelve mágicamente sus deseos como lo esperaban los personajes del Mago de Oz. Sólo a los miembros de un grupo se les puede ayudar mediante el trabajo psicoterapéutico del inconsciente grupal, a través de que cada uno descubra quiénes son y que pueden ser por sí mismos.

Así como Dorothy y sus compañeros buscan restaurar su vida, enfrentando peligros, sintiendo miedo, vergüenza y dolor, así los pacientes se acompañan del terapeuta para lograr su crecimiento y su propia felicidad. En el camino terapéutico se van enfrentando los peligros reales y fantasmatizados, enfrentando los retos y asumiendo la propia responsabilidad de su destino: uno no es responsable de su historia pero sí es responsable de cambiarla y transformarla.

Caso clínico

La historia del mago de Oz nos lleva a considerar la vida de una paciente, madre soltera de 35 años, que llega a pedir consulta porque se encuentra en una fuerte depresión, que no le permite dormir bien, no tiene hambre y casi no habla. Cuando llegó a terapia, con mucha dificultad pudo expresar lo que le pasaba, pues le era difícil construir una conversación fluida. Y así pasaron muchas sesiones y esta forma de comunicarse duró alrededor de unos siete meses, aproximadamente. Mucho del tiempo de las sesiones consistía en estar con ella y escuchar un discurso de pocas palabras. Realmente la acompañaba y le transmitía mi disposición por escuchar lo poco que podía contarme. No faltaba a las sesiones, no obstante el tiempo (casi dos horas y media) que invertía en llegar al consultorio, pues vivía a las afueras de la Ciudad.

En aquel entonces, Isadora tenía 35 años cuando llegó a verme. Era una mujer triste que se arreglaba muy poco. Nació en un estado del sur del país y el padre decidió que se vinieran a estudiar a la ciudad de México, ella y un hermano. Ella tenía 13 (casi 14 años) y su hermano 11 años. Los acompañaba su mamá y la hermana mayor. Cuando casi llegaban a la entrada de la ciudad, el autobús chocó con otro autobús que venía de frente. Hubo muchos heridos y varios muertos y, entre ellos, la madre y la hermana mayor. No recuerda los detalles de tan fatal día. La vida siguió su curso y ella y su hermano se quedaron a vivir con otros hermanos mayores que ya vivían en la ciudad.

Cuando tenía 21 años se fue a vivir con un hombre cinco años mayor que ella; un hombre que estudió literatura y filosofía, quien le enseñó muchas cosas de cultura y con el cual platicaba a gusto; pero con el tiempo a ella le dejó de interesar y lo dejó. Luego conoció al padre de su hija, pero también lo dejó cuando la niña tenía 8 años, porque era adicto y desobligado. Lo siguió tratando porque le ayudaba para la manutención de la hija pero con el tiempo se fue desobligando y ya no aportaba económicamente, sin embargo, hasta la fecha hay cierta comunicación porque le interesa que su hija se acerque a su padre, aunque sea de manera esporádica y no hay conflicto porque ellos se vean.

Isadora se quedó huérfana de madre en una edad crucial de la adolescencia y la pérdida de su madre y de la hermana mayor, que muchas veces fungía como una figura materna, le provocó una tristeza que duró casi 22 años de sumo dolor (de los 14 a los 35 años), el cual se convirtió en una depresión y un silencio que conmovía. Esas pérdidas la llevaron a un mundo interno poblado de figuras fantasmatizadas, mezcladas de elementos reales y de elementos de su propia fantasía, que en un mundo esquizoide como lo señala Fairbairn (1962) se convierten en situaciones existentes en la realidad interior y partes del "Yo" u objetos internalizados.

Este mundo esquizoide la acompañó durante varios años. Se acostumbró a tener muy poco contacto con el mundo real pues no tenía amigos y se dedicaba al hogar para atender a su padre, a su hermano y a su hija. Trabajó unos siete años para el gobierno y luego se salió porque le gustaba más dar clases a nivel primaria. No se había recibido y aunque le gustaba su trabajo parecía que le era indiferente lo que hacía. Es decir, iba por la vida sin entusiasmo. Su actitud era de una mujer ensimismada sin energía para interesarse por los demás ni en el entorno que la circundaba.

Se continuó en el trabajo analítico durante casi siete años y su triste-za y poco entusiasmo se fueron convirtiendo en luces de alegría, interés y motivación por la vida y las cosas que la circundan. Se recibió y pudo ingresar a una maestría, la cual terminó con gran éxito. Tiene una pare-ja, (no vive con él), quien se dedica al magisterio y además es un artista de la plástica.

Ya para ese momento del análisis ella podía enfrentar la vida sola. Tenía en ese momento 42 años de edad y sus ocupaciones laborales y sus relaciones emocionales la mantenían muy ocupada. Sentía que había puesto mucho empeño en ayudarse y la veía fuerte y contenta. Nos des-pedimos, deseándole lo mejor para ella y su familia y su vida de pareja. Pasaron dos años y un día habló para decirme que si podía ir a sesión. Me dijo que había pasado algo que quería contarme. Su cuñado había fallecido en un accidente inexplicable (parecía que se había suicidado) y que se sentía muy mal, además de que por ese tiempo, su padre se encontraba enfermo y podía morir. Tenía miedo de que pudiera llegar a tener la depresión de aquél entonces, cuando vino por primera vez. Se reinició el tratamiento, ahora con más elementos y con un análisis por delante.

En este segundo análisis, que duró dos años, se pudo trabajar y abor-dar ese mundo esquizoide donde se imbricaban elementos preedípicos y edípicos. Estos elementos contenían situaciones no resueltas de una madre distante, a la cual vivenció poco afectiva; que no pudo acercarse a una hija tímida y poco expresiva. Isadora interpretó que no era capaz de que la amara, pues no reunía las carácterísticas que hicieran eco en su madre. Dice Fairbairn (1940/1962) que la madre del esquizoide fra-casa en hacer sentir al niño persona y que el niño cree que no lo quiere porque algo malo hay en él. Esto lleva al niño a percibir a una madre que no lo quiere y a internalizarla como un objeto malo. Isadora creció con la idea de que no era querida por su madre y un padre que no pudo rescatarla de ese ámbito materno de poco afecto. El padre, de 93 años de edad, en ese momento, también ha sido poco expresivo en sus afec-tos y guarda cierta distancia con su hija y sin embargo, no obstante su personalidad, ella me transmitía que él siempre estaba dispuesto cuando su hija lo necesitaba.

Isadora trabajó este tipo de relación con unos padres distantes y poco expresivos en sus afectos. El hecho de que al principio del tratamiento yo la aceptara como era, con tan pocas palabras y la dificultad que tenía para expresar sus afectos, permitió que se sintiera aceptada y querida, porque es verdad, realmente la quiero y entendía qué le pasaba y por qué era una mujer silenciosa y tímida.

Cuando escuchaba sus problemas y lo que tenía que decir, podía sentir y entender a una mujer que deseaba expresar muchas cosas sobre su madre muerta. Una madre que se fue antes de tiempo, cuando ella entraba en la adolescencia y quedó pendiente el trabajo interno para despegarse de ella y entrar al mundo de los objetos externos: de los amigos en la escuela, para ir a las fiestas, para entablar nuevas relaciones fuera de casa, pero esto no pudo concretarse porque la ruptura de una madre y una hija en la adolescencia se truncó. Podía captar a una mujer que sentía tanto el dolor. Sentía que había un mundo interno muy fuerte que le daba ánimos para seguir adelante. Sólo estaba ahí, acompañándola y entendiéndola, empatizando con sus sentimientos para transformar ese mundo esquizoide donde se aislaba.

Y sin tanto trabajo de material hablado pero más trabajo de emociones no verbales, la paciente pudo reconstruir su mundo interno, pues me prestaba a ser esa madre buena que necesitaba para ocupar los vacíos que le dejó esa madre que se fue antes de tiempo, a ser paciente con lo que ella pudiera contarme y a sentirme contenta cuando ella anunciaba un logro en su vida profesional o sentimental, de relación con su hija, con su padre, con su hermano o con su pareja.

> Comenta Doltó (2004) que en la relación de amor debe existir una satisfacción saboreada, es decir, sentida pacientemente en la relación de la madre con el hijo. La satisfacción inmediata, rápida, corta la búsqueda del otro y la invención de los medios para significárselos. Puede haber goce de placer pero si este goce aún no está engastado de lenguaje –o sea, no ha sido simbolizado en gestual y mímico en un lenguaje vocal y verbal–, no deja a un sujeto apaciguado demasiado pronto y ninguna huella utilizable para representar en su memoria la pulsión de un deseo. Cuando una tensión desaparece con demasiada celeridad, ni el deseo, ni el goce son sentidos como "poéticos", esto es, creadores.

El prestarme como un Yo-Ideal materno (Blinder, Knobel y Siquier, 2004) que ella perdió y que la llevó a una retracción narcisista, le permitió reconstruir a su madre muerta e internalizar a una madre que la podía escuchar, entender, estar atenta ante sus logros, sus fracasos, sus intentos por tener una buena pareja; el que hablara de su hija y cómo guiarla, el que pudiera analizar su relación con su padre tan grande y cómo podía llevarse con él y de qué podía platicar. En sí, me situé en un espacio en donde ella pudiera incorporar, complementar e internalizar a una madre que se fue antes de tiempo y corregir la percepción de la madre de la infancia con menos fantasmas y restaurarla en alguien más cercana a la realidad.

Conclusiones

Para el manejo de la orfandad, es importante considerar como un elemento de suma importancia, la figura paterna y lo que representa en cuanto a sus aspectos superyoicos: normas, disciplina, jerarquías, la prohibición de elementos incestuosos, etcétera, ya que el huérfano está identificado con características narcisistas de la figura materna.

El analista tiene que trabajar el elemento de la ternura originaria del paciente, la cual se tiene que rescatar en relación a sus padres, para que sea una fortaleza que integre a su personalidad.

Sugerencias a los padres

1. Cuando un padre le narra a los hijos una historia, tiene que saber que un elemento importante de las leyendas, los mitos, las fantasías, los sueños y los cuentos, es que tienen símbolos mentales de un carácter universal y que el relato oído y contado (Roheim, 2004) le permite al niño revivir los mitos ancestrales y familiares, construyendo puentes que estructuran una mente más rica de elementos humanos.
2. Las metáforas tienen que ver con la conducta buena y mala del ser humano y que el relato oído le permite al niño re-estructurar parte de su economía psíquica y como protección contra la excitación de elementos que él vive como peligrosos.
3. Los personajes que se encuentran en los cuentos tienen un paralelo con los familiares más cercanos que tienen relevancia para el niño.

De ahí la importancia de reflexionar lo que trata de decir el niño cuando pide que le cuenten una y otra vez una historia. Si fuera una situación peligrosa, es importante que se tomen soluciones lo más pronto posible.

4. Cada niño tiene diferente tiempo para resolver sus conflictos internos y es por ello que los padres no se tienen que cansar en contarle una y otra vez la historia, el cuento o la película que pide, además de la paciencia y el gusto por contarle otra vez la historia al niño, le permite a éste satisfacer deseos que a futuro serán la semilla de aspectos creativos y de goce para las tareas que realice, ya sea solo o en sus relaciones interpersonales con los demás.

5. En las leyendas, los mitos, los cuentos y fábulas siempre hay un mensaje que el padre tiene que transformar siempre en positivo y en beneficio del niño.

6. En las historias infantiles regularmente aparecen brujas, ogros, monstruos y seres extraños como el dragón o en el caso de la historia del mago de Oz, aparecen dos mujeres: la señorita Gulch que le quiere quitar a su perro Totó y en el sueño es la bruja verde que le quiere quitar los zapatos que le pertenecían a la bruja mala del Este, la cual murió cuando le cae encima la casa en la que estaba Dorothy cuando llegó a Munchkinland. Hay varias posibilidades de interpretación:

   a. El niño puede estar viviendo a los padres como personas que le está quitando espacios o pertenencias que al niño todavía le son necesarias por la etapa que atraviesa. Un ejemplo: podría ser que el niño tiene un juguete que a juicio de los padres ya no debería tenerlo pero ese juguete le da la seguridad que él necesita porque lo acompaña para sentirse fuerte.

   b. El mensaje que conlleva este pasaje de la historia de Oz, es que se le plantea al niño la posibilidad de ser fuerte cuando alguien trata de amenazarlo y que muchas veces, el mismo miedo no le permite decírselo a los padres, pero que si le es difícil contárselo a uno de ellos, conminarlo a que se lo cuente a sus hermanos para que lo ayuden y afirmarle que tenga la certeza de que lo acompañarán en ese problema, como lo hicieron los tres personajes que acompañaron a Dorothy a encontrar al mago de Oz.

7. La metáfora de que Dorothy tiene que buscar en su corazón lo que siempre ha tenido es enseñarles a los niños a que aprecien y amen lo que tienen y la mejor manera es que los padres aprecien y amen lo que hay en el hogar y no fuera de él, pues los niños se identifican con muchas de las cosas que hacen los padres.
8. Es importante que los padres se sientan contentos de narrarles a sus hijos las historias, cuentos y fábulas que les piden. Si lo hacen sólo como un deber no le estarán ayudando a que acomode situaciones buenas y malas que son necesarias en su psiquismo, sin importan la edad que tenga el niño.

Bibliografía

Alatriste, J. (2007) El inconsciente grupal, la identificación proyectiva, la escisión y la transferencia lateral. En: *Alêtheia*, No.26, México: Instituto de Investigación en Psicología Clínica y Social. p. 97-120.

Baum, L. Frank (1900) El maravilloso Mago de Oz. Chicago, EUA: G.M. Hill Company. Citado por Wikipedia®Foundation, Inc. http://es.wikipedia.org/wiki/El_maravilloso_Mago_de_Oz

Blinder, C.; Knobel, J. y Siquier, M.L. (2004) *Clínica psicoanalítica con niños*. España: Síntesis.

Dolto, F. (2004) *En el juego del deseo*. México. Siglo XXI. 8a. edición.

Erikson, E. H. (1978) *Infancia y Sociedad*. Buenos Aires, Argentina: Hormé.

Fairbairn, R.W. (1940/1962) *Estudio psicoanalítico de la personalidad*. Buenos Aires: Hormé.

Freud, S. (1887-1902 [1950]1981) *Los orígenes del Psicoanálisis*. Cartas a Wilhem Fliess. Manuscritos y notas de los años 1887 a 1902. Tomo III. España: Biblioteca Nueva.

Freud, S. (1900) *La interpretación de los sueños* Tomo II. España: Biblioteca Nueva.

Freud, S. (1909 [1908/1976]) *La novela familiar de los neuróticos*. Tomo IX. Buenos Aires, Argentina: Standar Edition. Amorrortu.

Freud, S. (1910/1976) *Sobre un tipo particular de elección de objeto en el hombre.* Tomo II. Buenos Aires, Argentina: Standar Edition. Amorrortu.

Freud, S. (1921) *Psicología de las masas y análisis del Yo.* Tomo III. España: Biblioteca Nueva.

González Núñez, J.J. y Nahoul, V. (2007) Momentos vulnerables en la adolescencia. En: *Alêtheia*, No.26, México: Instituto de Investigación en Psicología Clínica y Social. p. 169-192.

Jung, C. (1969) *El hombre y sus símbolos.* Madrid, España: Aguilar.

Lévy-Strauss (2004) En: Blinder, C. Knobel, J. y Siquier, M.L. (2004) *Clínica pscioanalítica con niños.* España: Síntesis.

Roheim, G. (2004) En: Blinder, C. Knobel, J. y Siquier, M.L. (2004) *Clínica pscioanalítica con niños.* España: Síntesis.

Scott Littleton, C. (2004) *Mitología.* Barcelona, España: Blume.

Enamoramiento y amor platónico en la adolescencia: sus mitos y sus cuentos

Vanessa Nahoul Serio

Algunos adultos ven la adolescencia en retrospectiva con la tendencia a idealizarla. Sin embargo, vivirla es soportar el dolor de las crisis emocionales, la incertidumbre ante los cambios morfológicos y el miedo ante las dificultades con el medio ambiente. Cada adolescente intenta superar estas crisis pero con la sensación, a veces, de que su vida se ha convertido en una tragedia. En momentos así, la presencia de quienes viven algo parecido es lo más reconfortante. Y al relacionarse con otros integra formas de vivir dignamente su propia tragedia y al vivirla acompañado sentirá que quizá pueda lograr una mejor forma de definirse a sí mismo.

La adolescencia es la escuela de las futuras relaciones interpersonales. Se forman relaciones que dejan su huella emocional y mental en el adolescente que lo ayudan a transitar hacia otras relaciones. Los mitos sobre adolescentes ayudan a lograr la propia identidad; los mitos le dan continuidad a la existencia uniendo su identidad biológica y su identidad personal y ayudan a responder a la pregunta ineludible: "¿Quién soy yo?".

A decir de Mauricio Knobel y Aberastury (1994) el adolescente necesita elaborar los siguientes duelos básicos: a) el duelo por el cuerpo infantil perdido, base biológica de la adolescencia; b) el duelo por el rol y la identidad infantiles que lo obliga a renunciar a la dependencia infantil; c) el duelo por los padres de la infancia y d) el duelo por la bisexualidad infantil perdida. Estos duelos van acompañados por todo el complejo psicodinámico del duelo normal, y a veces, adquieren transitoriamente las características del duelo patológico.

Los mitos y cuentos ayudan a darle sentido a la vida, pues transmiten mensajes importantes al consciente, preconsciente y al inconsciente. Al referirse a problemas humanos universales, hablan al Yo en formación y estimulan su desarrollo y la liberación de pulsiones. Sugieren simbólicamente cómo tratar los problemas existenciales de la adolescencia y sus conflictos para avanzar sin peligro hacia la madurez. Los mitos y los cuentos son como los síntomas, es decir, formaciones de compromiso donde sale parte de la información inconsciente a la consciencia y parte queda reprimida. En los cuentos y los mitos hay un contenido manifiesto y uno latente. Los grandes dramas como Romeo y Julieta, son míticos en el sentido de que presentan las crisis existenciales de la vida del adolescente y sus intentos por resolverlas a través del amor platónico y del enamoramiento.

El amor platónico

El amor platónico es la relación emocional entre dos individuos en que se concede una importancia más espiritual que sensual al amor. En ella están reprimidas o fuera de la consciencia, las relaciones sexuales. Se trata de un amor imposible, no concreto, a veces correspondido, pero idealizado, no erotizado (González Núñez y Nahoul, 2006).

El amor platónico le permite al adolescente construir mentalmente el tipo de pareja que quiere establecer; es un puente que de no transitarse provoca que las personas tengan la sensación de no saber qué buscan en una pareja y por tanto, se sientan insatisfechas permanentemente quedando vulnerables al no poder establecer una pareja duradera y caer en la infidelidad. Otra de las funciones del amor platónico consiste en que sirve para atemperar y controlar la intensa sexualidad adolescente. Por otra parte, le da contención a sus pulsiones incestuosas. Se tiene un amor platónico para no cometer incesto. Por ello, todos los adolescentes deben vivir un amor platónico para poder pasar a la adultez. Quien no ha vivido un amor platónico no ha terminado de ser adolescente.

El término de platónico proviene del mito de Platón, quien habló sobre el amor en el diálogo del *Simposio* (Banquete) *o de la erótica* (2007a): dice que hubo una época en que existían seres andróginos, que reunían ambos sexos y que tenían tal fuerza, que los dioses se sentían amenazados. Por ello los separaron en dos quedando la mitad femenina separada de la masculina. Cuando una persona encuentra la mitad que le falta conoce el amor. Y se quieren unir para siempre con el otro y engendrar hijos. Este es el deseo de unión con el ser amado hasta ser uno solo con él.

En *Fedro o del amor* (2007b) Platón presenta el mito o alegoría de que el alma primitiva es alada. Cuando un hombre contempla la belleza verdadera o se enamora, a su alma le salen alas y desea permanecer siempre junto al amado para no perderlas. Así, el amor es un delirio (Platón, 2007) y es estímulo de una mejor vida.

El enamoramiento

El enamoramiento es un proceso difícil de entender, es más fácil sentirlo. Se puede manifestar bruscamente como un flechazo o como la transformación de una relación que inició como amistad. Es un estado alterado de conciencia. Es un proceso que lleva a la persona enamorada a tener una serie de cambios en la percepción de las cosas.

Los científicos hablan de los cambios que se generan a nivel cerebral y que explican los cambios perceptuales: se produce una cantidad elevada de hormonas llamadas endorfinas y da lugar a las encefalinas, sustancias producidas por unas neuronas especializadas que se encuentran en la parte central del cerebro llamada hipotálamo en donde se realizan conexiones de neuronas encargadas de las emociones, memoria, aprendizaje, sueño, vigilia, hambre, entre otras cosas. Estas endorfinas asemejan en su composición química a drogas como opio y morfina, por lo que también reciben el nombre de opiáceos endógenos, otra sustancia que se secreta por el cerebro que es la feniletilamina, que se parece a las anfetaminas (otra droga estimulante).

Por tanto, cuando aumentan en el cerebro las hormonas llamadas endorfinas, las encefalinas y la feniletilamina durante el enamoramiento, la persona se siente sin hambre, alegre, llena de vitalidad, con emociones positivas y autoestima en aumento. Puede sentir sensaciones de frío, calor, tener taquicardia, ponerse a temblar, ruborizarse, etcétera, frente al que ama. Se altera su manera de vivir el tiempo y el espacio.

De acuerdo con Ortega y Gasset (2007), el enamoramiento es un estado en el que la vida de nuestra conciencia se estrecha. Es un fenómeno de la atención en donde el ser amado ocupa proporciones enormes y el resto del mundo queda desatendido. El enamorado cree que su vida de conciencia es más rica, en realidad, al reducirse su mundo se concentra más. Todas sus fuerzas psíquicas convergen para actuar en un solo punto y esto da a su existencia un falso aspecto de intensidad. Hay una proximidad entre enamoramiento e hipnotismo: en ambos la persona entra en un trance y se entrega a otra persona y descansa en su autoridad.

Mientras en todos los otros casos de la vida se repugna sentir invadidas las fronteras de la existencia individual por otra persona, la delicia del amor consiste en sentirse metafísicamente poroso para otra individualidad, de suerte que sólo en la fusión de ambas, en una individualidad de dos, halla satisfacción.

Investigación sobre amor platónico y enamoramiento

Se llevó a cabo una investigación inspirada en el mito de Romeo y Julieta sobre amor platónico y enamoramiento con 285 adolescentes de secundaria y preparatoria del Instituto Francisco Possenti, donde se obtuvo la autorización para aplicar los cuestionarios y presentar estos resultados. Todos los jóvenes respondieron a un cuestionario de manera anónima. De los 285 alumnos, 167 son de secundaria y 118 son de preparatoria. De la población de secundaria, son 89 hombres y 78 mujeres mientras que en la población de preparatoria, son 57 hombres y 61 mujeres.

Resultados

Ante la pregunta: *¿Tú has tenido un amor platónico?* se encontró en primer lugar que los estudiantes de 2° de secundaria reportaron en 80% haberlo tenido. En segundo lugar, los alumnos de primero de secundaria con 64% y después 62% del tercer año de secundaria. Es decir, que en una curva, la cresta se ubica en el segundo año de secundaria, en alumnos cuyas edades oscilan entre los 12 años 8 meses y los 15 años dos meses.

Ante la misma pregunta, los estudiantes de preparatoria dieron los siguientes resultados: los de 6° año 71% han tenido un amor platónico, en segundo lugar los de 4° año dieron 65% y en tercer lugar los alumnos de 5° año reportaron haberlo tenido 59%.

Haciendo una comparación entre hombres y mujeres se encontró que 50% de las mujeres en segundo de secundaria han tenido un amor platónico, mientras que 29% de los hombres de 2º lo han vivido. En los resultados globales se observa que 40% de las mujeres de secundaria han tenido un amor platónico mientras que 29% de los hombres lo han vivido.

En preparatoria 52% de mujeres en 5º año han vivido un amor platónico, mientras que el porcentaje de hombres en 5º año es sólo 14%. En la población general de mujeres de preparatoria, 42% reporta haber tenido un amor platónico, en tanto que 26% de los hombres lo reportan.

Ante la pregunta: *¿Te has enamorado alguna vez?* se encontró que el porcentaje mayor de alumnos que dicen haberse enamorado es en 3º de secundaria con 85%, luego en 2º de secundaria con 84% y después en primero de secundaria con 79%.

Ante la misma pregunta los estudiantes de preparatoria respondieron de la siguiente manera: 87% de 6º año de preparatoria se han enamorado, en segundo lugar los de 4º año de preparatoria con 83% y en tercer lugar los estudiantes de 5º año 75%.

En cuanto al comparativo de hombres y mujeres respecto al enamoramiento, se tiene que 47% de mujeres lo han vivido en 2º de secundaria, en tanto que los hombres reportan 36% en el mismo año escolar, mientras que en 3º de secundaria el número de varones que se han enamorado se incrementa a 51% y en las mujeres se reduce a 33%. En preparatoria, tanto las mujeres de 5º año como los hombres de 6º año reportan haberse enamorado en 50%.

En lo que respecta a la manera en que los adolescentes definen el amor platónico lo hacen de la siguiente forma, entre paréntesis se especifica el grado escolar del alumno que hizo esa descripción:

Las mujeres de secundaria lo describen así:

1. Amor platónico es algo que no existe, sólo en los sueños y en la imaginación (1ᵉʳ año).
2. Cuando quieres a una persona y no la puedes tener. (1ᵉʳ año)
3. Es un sentimiento bonito pero a la vez feo (2º año).
4. Es un amor inalcanzable e imposible. Yo me sentía un poco como querer caminar en el sol (3ᵉʳ año).

Los varones de secundaria lo especifican así:

1. El amor platónico es imposible y no te da felicidad. Sólo sientes que esa chica no es para ti (1er año).
2. Sientes atracción por alguien que ni siquiera sabe que existes (2º año).
3. Es algo destinado (2º año).
4. Se siente raro pero a la vez lindo (2º año).
5. En el amor platónico más que nada sufres (3er año).

Las mujeres de preparatoria lo exponen así:

1. Es el amor ideal, secreto, que cumple con todo lo que nos gustaría que tuviera un chavo (5º año).
2. Sientes felicidad, emoción pero a la vez desesperación por no poder tener a esa persona (5º año).
3. Es algo súper lindo porque se siente en todo el cuerpo y ese sentimiento nunca acaba (6º año).

Los varones de preparatoria lo detallan así:

1. Es amor a primera vista (4º año).
2. Es tu amor imposible, tu media naranja (4º año).
3. Es solamente un deseo de amar a alguien (4º año).
4. Es aquel amor en el que ambos se sienten atraídos y se comprenden a distancia aunque este sea casi imposible….Yo sentía desesperación y ansias (6º año).

En cuanto al enamoramiento las mujeres de secundaria lo definen así:

1. Es algo más profundo (1er año).
2. Es como una parte de una relación (2º año).
3. Enamorarse es bonito porque te vas a otro mundo (2º año).
4. Es que te gusta una persona y sí la puedes tener (1er año).

En cuanto al enamoramiento los varones de secundaria lo narran así:

1. Es posible y te da más sentimiento de felicidad (1er año).
2. Es cuando los dos se quieren y se aman mutuamente (2º año).
3. Es cuando estás seguro de ti mismo (3er año)
4. El enamoramiento lo sentí como un fuerte golpe en el corazón por ver a mi compañera y sentí un gran sentimiento por ella (1er año).

Las mujeres de preparatoria lo reseñan así:

1. Sientes que todo te vale (6º año).
2. El enamoramiento es instantáneo, correspondido (4º año).
3. En el enamoramiento conoces más a la persona, te fijas en los sentimientos (4º año).
4. Al estar enamorada, cada que lo veía me sentía muy contenta…y escribía su nombre por todos lados (6º año).

Los varones de preparatoria lo explican así:

1. Es maravilloso, es algo tan bonito, tan grande que no se puede explicar, pensar en ella me pone de buenas (6º año).
2. Enamorarse: WOOOWWW! (6º año).
3. Es entregarse al 100% con la pareja aparte de ser un sentimiento noble y desinteresado. Es indescriptible, donde te comprometes mucho para hacer feliz a tu pareja y a ti mismo a pesar de que ella no me haya correspondido con lo mismo (4º año).
4. Lo sentía como si todo el mundo se detuviera y como si al verla a ella todas mis emociones se volvieran una y dejo de sentirlo todo el frío, el calor, todo y como si solo quisiera estar con ella. (4º año).

Ante las preguntas de: *¿Hay algún cuento, historia o libro que te recuerde el amor platónico? ¿Hay algún cuento, historia o libro que te recuerde el enamoramiento?* de 167 alumnos de secundaria 13% consideraron que Romeo y Julieta es la historia que más les recuerda el tema del amor platónico o del enamoramiento y 10% considera que es representativa únicamente de enamoramiento. Estos porcentajes son más altos con respecto a otros cuentos, historias o libros. Los demás resultados fueron muy dispersos o no contestaron.

Ante las mismas preguntas, los alumnos de preparatoria en 18% consideraron también a Romeo y Julieta como la historia que más les recuerda el tema del amor platónico o del enamoramiento. 14% la señaló como más representativa únicamente del enamoramiento. También este porcentaje es el más alto.

Comparando los resultados totales de secundaria y preparatoria se encontró que 69% de los estudiantes de secundaria han tenido un amor platónico y 65% de los estudiantes de preparatoria. Se observa que en los estudiantes de secundaria hay 4% más que en los estudiantes de preparatoria.

Tomando en cuenta los porcentajes totales se encontró que tanto los estudiantes de secundaria como los de preparatoria reportan haberse enamorado 82% de los alumnos. 18% de los estudiantes tanto en secundaria como en preparatoria no se han enamorado.

La historia de Romeo y Julieta

La historia de Romeo y Julieta bien podría ser un cuento, bien podría ser un mito. La primera obra escrita sobre Romeo y Julieta no fue la de Shakespeare, aunque sí ha sido la más conocida. El primer autor fue Luigi da Porto, de Vicenza, en el año 1520, y antes ya existía un mito griego. Se han escrito numerosas versiones en prosa, en verso, ballets y obras de teatro. La película mexicana "Amarte Duele" es una versión adaptada de esta historia, mencionada por 7% de los alumnos de secundaria y por 8% de los de preparatoria como símbolo del amor platónico y del enamoramiento.

Se ha especulado si Romeo y Julieta fue o no una historia verdadera pero no se ha confirmado; se sabe que la familia Capuleto vivió y que existían rivalidades importantes entre las familias de la ciudad, como hasta la fecha existen en todas las sociedades.

La obra trata de dos familias, los Montesco (a la que pertenece Romeo) y los Capuleto (a la que pertenece Julieta) que están peleadas a muerte. Un día los Capuleto ofrecen una fiesta a la cual Romeo asiste disfrazado. En la fiesta conoce a Julieta, los dos se enamoran y se casan en secreto con la ayuda de Fray Lorenzo. Mercucio, un amigo de Romeo, se pelea en la calle con Tibaldo, de la familia Capuleto, quien está furioso por la presencia encubierta de Romeo en la fiesta. En el punto más serio de la pelea aparece Romeo; Mercucio cae y Romeo mata a Tibaldo. Las autoridades de la ciudad lo castigan con el destierro.

Aconsejado por el fraile y tras despedirse de Julieta, parte con destino a Mantua. Por su parte, los padres de Julieta, que ignoran el matrimonio secreto, pretenden casarla con el conde de París. El fraile le aconseja aceptar pero le indica que la noche anterior a la boda tome una poción que la mantendrá como muerta por 42 horas. Él promete encargarse de avisarle a Romeo quien podrá llegar a tiempo por ella para llevarla a Mantua, una vez que haya despertado de su letargo. Sin embargo, el mensaje no llega a tiempo a Romeo y éste cree que en realidad Julieta está muerta. Entonces se dirige a la tumba de ella donde encuentra a París. Empiezan a reñir y Romeo lo mata. Ante el supuesto cadáver de su amada Romeo decide beber un veneno y cae muerto.

Julieta despierta, intuye lo que pasó y se suicida empleando una daga. Tiempo después el fraile revela todo lo ocurrido y las dos familias enemigas se reconcilian.

Resultados

En Romeo y Julieta los personajes hacen uso de la imaginación, satisfacen los aspectos espirituales al pensar que puede haber un amor tan grande como la muerte misma. Era un amor tan grande que decidieron morir por él antes que renunciar. La muerte se vuelve sublime gracias al amor. Este amor es imposible, que no se consuma sexualmente, cuando se iba a dar la posibilidad de que esto ocurriera, sobrevino la muerte.

En alguna forma el relato de Romeo y Julieta conlleva una prohibición: antes de que se lleve a cabo la relación sexual, el amor erótico, se mueren.

Discusión de resultados

1. La historia se desenvuelve en el curso de cuatro días y en principio es una historia de amor platónico porque Romeo anda llorando, suspirando, triste, pues ama a Rosalinda quien vive en un convento. Dice: "tal es el amor que siento sin sentir en tal amor (Rosalinda) amor alguno (no correspondido)" (Shakespeare, 1991, p.289).

    Su amor no correspondido lo lleva a decir además que él no está aquí, que está en otra parte. Dice Romeo que "el amor es humo engendrado por el hálito de los suspiros." (Shakespeare, 1991, p.289) El amor es humo....es amor platónico.

2. Romeo y Julieta es a la vez una historia de enamoramiento:

    a. Romeo expresa que ama con delirio a Julieta, dice: "Si, como yo, amaras con delirio (...) (Shakespeare, 1991, p. 319). Como se describe en el mito de Fedro de Platón.

b. También se sostiene que después para Romeo el nombre de Rosalinda está asociado a la amargura (amor platónico) mientras que Julieta le paga firmeza con firmeza, amor con amor (p.306). Este es el enamoramiento.

c. La trama edípica se establece ya que Julieta tiene en la obra 14 años y su padre quería casarla a los 16. Su padre dice que ella es la dueña y la esperanza de su mundo, mostrando en esa forma el Edipo invertido de padre a hija y deseando poseer la misma admiración que Cornelia hacia el Rey Lear. Este es un tema repetitivo en Shakespeare. Se reafirma el drama edípico ya que en la obra se parte de la rivalidad entre los Montesco y los Capuleto. Si bien es cierto que es entre familias, sabemos que esto se transmite a los hijos. Y si hay varios hijos en cada familia se está heredando la rivalidad edípica como una forma de vida.

d. En la obra teatral ni Romeo ni Julieta ven otra salida en su desesperación que la muerte y el suicidio antes que renunciar uno al otro. A pesar de que Fray Lorenzo (símbolo del Superyo) les dice que el suicidio es una muerte miserable, ellos la enaltecen porque es por amor.

e. Hay un aspecto filicida que se descubre cuando los padres de Julieta, enojados por su negativa a casarse, le dicen: Madre: *Ojalá te desposaras con la tumba* (Shakespeare, 1991, p. 324), Padre: *(…) ¡Ahórcate, joven libertina, criatura desobediente! Mendigad, consumíos de hambre y miseria, morid en medio de la calle.* (Shakespeare, 1991, p. 325). Así se refuerza la idea de que la única salida que le queda es la muerte.

f. En la conjunción de amor platónico y enamoramiento se afirma: "El amor es humo engendrado por el hálito de los suspiros (amor platónico). Si lo alientan, es chispeante fuego en los ojos de los enamorados (enamoramiento)" (p. 289).

La historia nos muestra los problemas universales que existen entre las parejas de enamorados. Es bastante frecuente encontrar en aquella época como ahora diferencias entre las familias de uno y de otro miembro de la pareja. Representa también el fenómeno profundo e inconsciente del filicidio pues los padres empujan a los hijos a mentir y a adoptar una conducta riesgosa de muerte. La figura de Fray Lorenzo, como ya se dijo, simboliza al superyó –representante de los padres filicidas- el cual en lo manifiesto desaprueba el suicidio pero en lo latente lo aprueba ya que a Julieta le sugiere un falso suicidio que al final ella sí termina por cometer. Al final él se responsabiliza del acto imprudente de ambos adolescentes y de su funesto final.

El desenlace de este gran drama es la autodestrucción con la finalidad de salvar el amor. De ahí que el mito sea que por un amor se da la vida. La muerte se vuelve sublime gracias al amor.

Hay un elemento de prohibición: Este amor es imposible, que no se consuma sexualmente, cuando se iba a dar la posibilidad de que esto ocurriera, sobrevino la muerte.

Como vemos en las anteriores afirmaciones hechas bajo la técnica de análisis de contenido y eligiendo las categorías por intensidad, tanto para la categoría amor platónico como para la de enamoramiento, encontramos que en la obra de Romeo y Julieta se halla una conjunción del concepto de amor platónico y de enamoramiento. Por lo tanto, esta obra seguirá siendo exitosa a lo largo de la historia.

Relacionando el mito de Romeo y Julieta con la investigación realizada en alumnos de secundaria, se encuentra que en 2º de secundaria culmina el amor platónico y los alumnos expresan en la misma forma que se expresa en el mito. Como decía una alumna de 2º: "Es cuando te obsesionas con una persona que está totalmente fuera de tu alcance. Sientes horrible porque es un amor no correspondido".

En los estudiantes de preparatoria, las expresiones de amor platónico más altas se encuentran en 5º año de prepa en las mujeres, una de ellas lo expresaba así: "Es el que no puedes alcanzar, algo que sólo en tus sueños puede suceder (5º año)".

En 3º de secundaria se encuentra el porcentaje más alto de alumnos que se han enamorado, una expresión de enamoramiento que más se asemeja al mito de Romeo y Julieta es de un alumno de 3º: "Es algo muy especial, algo difícil y mágico, triste y feliz." El porcentaje más alto de mujeres que se han enamorado es en 2º de secundaria; una alumna lo decía así: "Es la primera etapa de una relación en la que no se ven los defectos del otro", así ni Romeo ni Julieta veían defectos uno en el otro.

En preparatoria, el porcentaje más alto de varones que se han enamorado se da en 6º año. Un alumno lo enunciaba así: "Es lo mejor que me ha pasado… lo mejor que se puede sentir por una persona". El porcentaje mayor de mujeres que se han enamorado está en 5º año; una de ellas lo exteriorizaba como: "Es algo real, algo que sientes por una persona que existe". Así para Romeo, Julieta era real y le podía pagar firmeza con firmeza, amor con amor.

Conclusiones y sugerencias

1. El amor platónico es una construcción mental de una persona idealizada, quien tiene todas las cualidades que se desean encontrar en una pareja, de ahí que en la investigación hubo quien lo definió en función de las cualidades ideales que quería encontrar en una pareja: "es muy tierno, amable, simpático, un poco alto, con un sentido del humor muy bueno, gracioso…". Esta construcción mental permite ir construyendo paralelamente la propia identidad.

2. Se tendría que diseñar una investigación para comprobar la hipótesis de que el amor platónico atempera las intensas pulsiones del despertar sexual del adolescente. Lo mismo aplica para la hipótesis de que el amor platónico le da contención a las pulsiones incestuosas del adolescente. Por lo tanto, los padres deben de aceptar el amor platónico de sus hijos e hijas.

3. A través del amor platónico y el enamoramiento el adolescente intenta resolver sus crisis existenciales al recapturar su pasado, vivir su presente y planear su futuro amoroso. De manera que aquí también los padres deben de favorecer el enamoramiento y, si es posible, establecer una alianza con los hijos que permita la supervisión paterna.

4. Se encuentra que el amor platónico tiene su cúspide en 2º de secundaria, 80% en hombres y mujeres y en 6º año de preparatoria en 71%. Se observa que de los estudiantes de preparatoria 50% recuerda haber tenido su amor platónico entre los 10 y los 14 años, dato que coincide con la edad en que los estudiantes de secundaria reportan haberlo sentido. De este grupo 35% reportó haberlo tenido entre los 15 y los 18 años.

5. Es importante que los padres estén alerta en el amor platónico de sus hijos en segundo de secundaria. Esto incluye ayudarlos a crear hábitos de disciplina a pesar de su posible descontrol.

6. En cuanto al comparativo de hombres y mujeres en el amor platónico, se encuentra que las mujeres de 2º de secundaria reportan en
50% haber tenido un amor platónico mientras los hombres de 2º
lo reportan en 29%. En los resultados globales 40% de mujeres de
secundaria lo han vivido y 29% de hombres.

   En preparatoria 52% de las mujeres de 5º año lo han vivido y
14% de los hombres de 5º año lo han vivido. En la población general de preparatoria 41% de mujeres reporta haberlo vivido y 27%
de los hombres.

7. Se encuentra que la cúspide del enamoramiento se da en 3º de secundaria en 85% y en 6º año de preparatoria en 87% tanto en
hombres como en mujeres.

8. En cuanto al comparativo de hombres y mujeres en el enamoramiento, se encontró que 47% de mujeres en 2º de secundaria lo
han vivido y 36% de los hombres aunque en 3º de secundaria se
incrementa el número de varones que se han enamorado a 51% y
el de mujeres se reduce a 33%. En preparatoria tanto las mujeres de
5º año como los hombres de 6º se han enamorado en 50%.

9. El detalle curioso es que el dato que nos aporta la obra de Romeo y
Julieta es que Julieta tenía 14 años, edad que no podemos relacionar
con el amor platónico de los de 2º de secundaria porque no hay
noticias al respecto; el que se enamora platónicamente de Rosalinda
es Romeo. A menos que supongamos que en un primer momento
Julieta vivió el amor platónico con Romeo.

10. El enamoramiento es un sentimiento intenso que exacerba el narcisismo, estrecha la atención pero a la vez es expansivo en tanto el
adolescente desea unir su individualidad con otra borrando las fronteras de su Yo. Es una forma de definirse a sí mismo y de responder
a la pregunta ¿Quién soy yo?: Soy un enamorado. Por lo tanto, soy
alguien. El sentimiento amoroso se vuelve entonces vehículo de la
identidad. Los padres deben tolerar si los hijos adolescentes ven
repetitivamente películas como Amarte Duele como una forma de
vivir y elaborar su amor platónico, el enamoramiento y las vicisitudes en la relación con los padres.

11. Por lo tanto, el mito de Romeo y Julieta sigue como el Mío Cid,
campeando entre los adolescentes. El mito del amor platónico y
del enamoramiento sigue teniendo vigencia porque es universal,

ayuda al adolescente a encontrar su identidad y le da sentido a su existencia.

Bibliografía

Aberastury, A. y Knobel, M. (1994) *La adolescencia normal. Un enfoque psicoanalítico*. México: Paidós.

González, J. J. y Nahoul, V. (2006) Noviazgo en la adolescencia. En: *Alêtheia* No. 25. México: Instituto de Investigación en Psicología Clínica y Social.

Ortega y Gasset, J. (2007) *Estudios sobre el amor*. México: Fontamara.

Platón (2007a) *Diálogos*. México: Porrúa. Trigésima edición. Núm. 13a.

Platón (2007b) *Diálogos*. México: Porrúa. Trigésima edición. Núm. 13b.

Shakespeare, W. (1991) Romeo y Julieta. En: *Obras Completas*. Tomo I. México: Aguilar.

El cuento erótico en adolescentes

Carlos Caudillo Herrera

Lo que empieza como un acto, el acto de pensar, de escribir o de narrar se vuelve un acto del inconsciente, ya que todo lo que escribamos o narremos tiene relación con la experiencia del individuo y con su vivencia de las situaciones de vida, que configuran su propio inconsciente.

Uno de los géneros literarios más demandados por los jóvenes es el relato erótico. Temas como la seducción, tener sexo, ser popular con las mujeres, entre otros temas. Gahete (2007), en su libro "Mitos urbanos", narra poéticamente sobre estos temas humanos: el sexo y el amor.

Estas narraciones tratan de la forma en que los propios adolescentes se cuestionan acerca de la sexualidad, no desde la sexualidad adulta y la vida adulta, sino de esa sexualidad que se aparece en la adolescencia y que es un despertar al mundo de la actividad sexual y los planteamientos que le hace la sexualidad al adolescente.

La realidad sexual está construida, como un bosque, de fantasmas, de deseos, anhelos, ideas, valores, pensamientos, conductas y de mitos; y, sobre todo, de estereotipos: el príncipe azul, el ideal del amor que llegará, el romanticismo en la relación sexual, la satisfacción absoluta, la relación idílica sexual, las prohibiciones de la actividad sexual, los tabúes, la intimidad, la respuesta sexual aceptada, la sublimación, la regulación de la sexualidad, entre una infinidad de temas.

La sexualidad a través de los cuentos o de los relatos fue vista como algo malo, casi pornográfico, a partir del siglo XIX, posteriormente fueron las letras prohibidas, hasta que se ha llegado a convertir en la "sonrisa vertical" (García Berlanga, 1977) a fin de denominar de alguna forma a la sexualidad. Con ello se indica la evolución que ha tenido el concepto y las revoluciones sobre el tema de la sexualidad que han ocurrido a lo largo del siglo pasado y en el presente, sigue siendo la narración erótica un tema con mayor difusión.

Frecuentemente se parte del supuesto de que el lenguaje es claro y directo en la comunicación, sin embargo, los textos y el discurso tienen un significado intercambiable y tiende a unificarse con base en la intención del que ha elaborado dicho discurso, sin embargo, la realidad es otra, el significado se construye de manera individual y en cada uno de los momentos.

La técnica de la deconstrucción de un texto nos permite percibir los distintos estratos de un discurso, lo mismo sucede en la labor terapéutica en donde se va deconstruyendo la conducta, los pensamientos y los sentimientos del paciente, hasta llegar a las verdaderas intenciones, esto es, las intenciones reales de la persona.

En el presente trabajo se abordan algunos aspectos de la narrativa erótica antigua con la finalidad de ver sus estereotipos en la producción de fantasías eróticas en la adolescencia.

Dos narraciones

El poema o epopeya de Gilgamesh

Rey de Uruk (2000 a.C.) uno de los relatos más antiguos de la humanidad, escrito en primer lugar en Acadio y sobre tablillas de arcilla hacia el 1200 a.C.

La historia se muestra en sus dos versiones: la Acadia y la Babilonia, fundidas en un solo relato.

El joven Gilgamesh había recibido el conocimiento, a través de los sueños que su madre le interpretaba, a fin de llevar una buena vida: cómo adorar a los dioses, la necesidad de la muerte para el ser humano, lo que es bueno para un rey y sobre la naturaleza; sin embargo, se plantea a sí mismo el problema de quién es él, ya que su composición constaba de tres partes, dos terceras partes de divinidad y una de humanidad, en la que entraban diversos factores como la amistad, la muerte, la seducción, el temor y la venganza, lo cual no le bastaba para entenderse a sí mismo.

Otro personaje de la epopeya es Enkindu, un ser salvaje, casi animalezco. Le envían los dioses a Shamhat, un tipo representante del espíritu femenino de la lujuria, el amor y la concupiscencia. Lo seduce y vive con él por un tiempo. Enkindu, por el contacto y convivencia con ella se va civilizando y se convierte en humano. Cuando Enkindu y Shamhat se van a casar, deciden ir a Uruk a contraer nupcias, Gilgamesh que era el rey de Uruk, acude a la ceremonia y reclama su derecho de pernada (en aquel entonces, había el derecho de pernada, del cual el rey era el encargado de poseer a las mujeres antes que los esposos); a lo cual se opone Enkindu, sobreviene una lucha muy fuerte entre ellos y finalmente después de pelear y de prevalecer el derecho de Enkindu como esposo, se vuelven amigos a fin de poder luchar contra el monstruo del bosque.

Durante la búsqueda del monstruo, Gilgamesh tiene cinco sueños que son interpretados por su amigo Enkidu. Este monstruo era un protegido de la diosa Ishtar (diosa de la fecundidad) que trata de seducir a Gilgamesh. Frente al rechazo de él, pide a su padre, el padre de los dioses, que lo castigue y vengue su rechazo; el cual manda al "toro del cielo" con plagas sobre la tierra (sequía en la región y muerte de plantas y cosechas).

En una ocasión Enkidu tuvo un mal sueño y fue castigado por los dioses, quienes le anuncian la muerte, ante esto, Enkindu lamenta pertenecer al género humano. Señala que, "la vida le es robada a la humanidad cuando conoce acerca de la muerte". Finalmente muere.

Gilgamesh hace un recorrido por el lugar donde el sol sale de noche y conoce el mundo de los muertos después de atravesar el río de la muerte, en donde hay un barquero que cobra por usar su barca. Ahí habla con los dioses del inframundo o mundo subterráneo buscando la inmortalidad tanto para sí como para su amigo, representada por una rama dorada. Eso no fue posible, ya que es vencido por los dioses en un reto que le hacen y no logra su deseo. Regresa al mundo de los vivos y al contemplar los muros de su ciudad Uruk, hecha de ladrillos, alaba al hombre civilizado, sobre todo, por el trabajo y la conciencia de vivir en sociedad.

Así, se puede ver en esta narración tan antigua, infinidad de mitos fundantes, de leyendas y sueños que hablan al ser humano, sobre todo en su juventud, de la vida sexual.

El relato contiene diferentes aspectos, tales como, las enseñanzas de la madre, la humanización del hombre por la narración y el conocimiento, el papel de la sexualidad en la humanización, las conductas sexuales, la seducción, la relación sexual, los derechos sobre las mujeres, las aventuras que tienen los amigos, la búsqueda de inmortalidad, el respeto a los dioses, la conciencia de la muerte, el trabajo y la civilización, el trabajo en sociedad. De los cuales nada más emplearán los que se refieren a la sexualidad.

El Cantar de los cantares (Biblia de Jerusalén, 2002)

Es bien conocido el cantar al amor del rey de Israel, Salomón, (650 a.C.). Con este nombre se quiere indicar el nivel de superioridad del cantar, tanto por la preeminencia que tiene el poema en sí mismo, como por el autor del mismo, Salomón el rey sabio, el más grande rey de Israel y constructor del Templo de Jerusalén.

Fue compuesto entre el 1200 a.C. y el 600 a.C. En el cual coexisten al menos tres tipos distintos de escritura. Se conserva en rollos de piel de carnero con tinta de humo. Se considera que era empleado por el pueblo judío para celebrar la alianza (matrimonio) del hombre con la divinidad. Para algunos autores es para indicar el papel de la sexualidad en la constitución del ser humano.

La composición de la obra es una narración del amor entre Salomón, esposo, y su esposa, Sulamit, que en hebreo significa paz. Al principio del poema se describe que anhela a su esposa que está llena de belleza, gracia y bondad. Así, el poema se vuelve un cántico de amor, de seducción, de lo que se espera en la conducta sexual, de la relación entre hombres y mujeres con relación a la vida íntima.

El poema describe a la Sulamita: "...sus pechos como dos cervatillos en los montes de Sion..." (cant.1,16). La amada aparece como activa, viva y deseosa de ser amada; que espera al amante, que vibra con el anuncio de su llegada. El varón es descrito como alguien que pierde la cabeza frente a la belleza de la amada y lanza expresiones: "Tu talle se parece a una palmera, y tus pechos a sus racimos. Pensé, subiré a la palmera, tomaré sus racimos, y serán sus pechos para mí como racimos de uvas." (cant. 7,7) "...las curvas de tus caderas, son como joyas, obra de manos de un artista" (cant. 8,6) "...tus pechos, dos crías mellizas de gacelas..." "...tu ombligo es una copa redonda..." (cant. 8,7) "...el hueco de tu vientre, un montoncito de trigo, rodeado de azucenas..." (cant. 8,8).

Se habla de dos amantes que por diversas razones han sido obligados a separarse, lo cual aborda el problema en la relación, por lo que se buscan con desesperación. Se dan reencuentros esperanzadores y separaciones llenas de desilusión, lo que los hace que se describan anhelantes con la esperanza de volver a estar juntos y no separarse más a fin de vivir en un constante amorío: "...el amado tocó el hueco de mi vientre y mi cuerpo destiló miel y especies..." (cant. 6,2).

Se concluye en el relato estas dos premisas: que el amor es para siempre y que el amor siempre triunfa.

El amor humano con manifestaciones sexuales es un "Don de Dios" para el hombre (el placer humano) y un mandato a fin de cumplir con la ley de Dios (la reproducción). Ya que el amor es sagrado y a toda costa el joven debe evitar la profanación de dicho sentimiento. La sexualidad es vista como sagrada y cuyo cumplimiento es el cumplimiento de la ley de Dios.

Se trata de la primacía del amor sobre el conocimiento de las cosas. Tiene un valor unitivo o vinculativo del amor (del esposo por la esposa) de Dios por el hombre. "...mi amado metió la mano por el hueco de la cerradura y mis entrañas se estremecieron..." (cant. 5,4).

Así, el amor es la felicidad de los amantes que se encuentran uno al otro y la felicidad está en hacer feliz al otro: " mi amado es para mí y yo soy para mi amado" (cant. 2,16).

La fantasía erótica

La fantasía erótica es definida como cualquier construcción de la imaginación que se relacione de manera directa con contenidos de tipo sexual (Cerna, 2007) o con imágenes, pensamientos, sentimientos que resulten sexualmente interesantes para el individuo (Morín, 1997). Frecuentemente son también conocidos como pensamientos sexuales, sueños diurnos (Freud 1900/1981) o guiones imaginarios (Leroy,1996) con que se define la actividad sexual humana, o pensamientos sexuales que se presenten en toda la población que tenga un nivel de inteligencia mínimo (Caudillo, 2001), por lo cual, se han llegado a considerar universales. Tienen la finalidad de enriquecer la experiencia del contacto sexual a través de producir o recrear sensaciones gratificantes al matizar el placer sexual, la seducción, la conquista, la satisfacción sexual, o la resolución de la tensión sexual en sus distintos momentos y procesos (Caudillo, 1998).

En el caso de los adolescentes es una actividad privada, encubierta (Renaud y Byers, 1999), con personajes ficticios o con bases reales que son construidos por la mente a fin de experimentar excitación o placer de una forma socialmente adecuada. En donde fantasear con alguien se vuelve excitante para el individuo y le prepara para la vida adulta.

Se puede concluir que la fantasía erótica es la vivencia imaginativa que ocupa una gran porción de la actividad sexual a lo largo de los procesos de descarga de la tensión sexual y, prepara a los adolescentes para su manejo de acuerdo a las necesidades sociales y personales.

Con lo que los principales órganos de la sexualidad no lo constituyen las estructuras anatómicas sino el cerebro, ya que son las fantasías eróticas las que posibilitan la descarga de la tensión sexual mediante diversos niveles, en donde la fantasía le da variedad a la actividad sexual, la vuelven significativa para los adolescentes y posibilita conductas en la construcción de la sexualidad.

Esto es, la fantasía permite manejar la realidad y las pulsiones a través de lo que se desea, se vuelven las fantasías eróticas como mapas mentales de la actividad sexual, de lo que se espera de ella, igual que se construyen conductas, pensamientos y afectos en relación con ésta.

Contenidos de las fantasías eróticas

Es frecuente encontrar al menos diversos tipos de contenidos de la fantasía erótica (Masters y Johnson, 1986) en los adolescentes (Renaud y Byers, 1999, Cerna, 2007). Entre las que destacan:

1. Rutinas de las conductas. Tales como tocar el cuerpo de la pareja sexual, ciertas zonas, en especial las zonas erógenas; se esperan determinadas conductas por tal o cual vestimenta, reacciones orgánicas al contacto del cuerpo del otro, así como pasar del contacto de piel a piel por diversas partes del cuerpo, asimismo por el contacto con lociones, cremas, aire, agua, telas, entre infinidad de otras conductas y sus representantes mentales, así como de sus afectos concomitantes.

2. Involucran a alguien anhelado del pasado. Frecuentemente la fantasía erótica implica a alguien que se ha quedado en el pasado, que fue significativo en su momento y que ya no está. En otros casos, se trata de personas que se fueron y que ha dejado un vacío que es necesario llenar. Por otra parte, todas las personas que aparecen en las fantasías eróticas son personajes anhelados, ya sean que se trate de personas públicas como actores, actrices, modelos, artistas y demás, tanto masculinos como femeninos, que se vuelven ideales y por ello anhelados.

3. Existen al menos tres elementos básicos en el contenido de la fantasía erótica: a) Novedad y lo prohibido. Lo nuevo, un lugar extraño, lugares no convencionales (el baño de un avión, el asiento de un automóvil, la mesa de billar, la sala de juegos). Lo prohibido se refiere a relaciones (médico-enfermo/ enfermera-paciente/ mujeres mayores con jóvenes/ hombres mayores con colegialas/ bibliotecaria con joven), a actividades (felaciones o cuninlingus), posiciones sexuales novedosas, b) Escenas de irresistibilidad. Situaciones de poder, ya sea dinero, sexual, seducción, etcétera. Son situaciones en donde alguien se vuelve irresistible a la pareja (tener multiplicidad de encuentros sexuales, sexo casual), c) Dominio/sumisión. Esclavizar, someter, humillar, hacer rituales específicos, provocar dolor, hacer perforaciones.

4. Sexo en grupo. Es lo que también se denomina como orgías, que tiene sus variantes en las situaciones de sexo grupal.

5. Voyeurismo. Aparece en situaciones como ver o ser visto teniendo sexo en público, como es el auto, las calles, los estacionamientos, escaleras, etcétera. En donde el individuo puede ver la actividad sexual de otros. Muchas veces sin su consentimiento.

6. Encuentros idílicos. Esto es en lugares que resultan ser distintos a los habituales, como son, playas vírgenes, en lugares exóticos, a la luz de la luna, frente a una chimenea, en una cabaña nevada, en un velero a la luz del sol, en lugares que de por sí, se considerarán brindarán una experiencia sexual distinta.

Tipos de fantasías

En una investigación realizada por Cerna (2007), los adolescentes reportan que tienen siempre las mismas fantasías en 67%, esto es, en dos terceras partes de la población estudiada. Sus fantasías eróticas varían algunas veces 20%, es decir, en uno de cada dos adolescentes. Esto implica que para la población adolescente siempre se trata de las mismas fantasías.

El relato preferido de los adolescentes implica, en cerca de la mitad de ellos, personajes o héroes con los que se pudo identificar 46%, en los que parecen historias imposibles 34%, sobre todo de sexo prohibido o en situaciones prohibidas, 20%.

En este tipo de investigaciones abiertas, se encontró que la población adolescente recurre frecuentemente a los relatos de las fantasías eróticas con la finalidad de aprender a establecer patrones de conducta, plantear situaciones en las que podría ocurrir la conducta y los sentimientos que espera se produzcan durante la conducta sexual.

Ser y pensar

La filosofía (una forma de narración de la realidad) se aboca al tema del ser, nos permite ubicarnos frente al espejo y pensar en nosotros mismos, al hacer el acto reflexivo lo hacemos por medio de abstracciones, es el inicio del pensamiento. Es el pensamiento que se ha vuelto palabra. Así, para el hombre actual, el ser es pensar. Facultad mental del ser humano

El pensar es lo que nos dice todo lo que las cosas son. Todo lo que el ser es. El conocimiento que da ese pensar ha dado lugar a distintos tipos de conocimiento, el conocimiento racional y el conocimiento intuitivo. Dentro de este último está el conocer el símbolo.

El símbolo que aparece en el mito, en los sueños o en los cuentos, es una manera de conocer la realidad, estableciendo una relación básica en el ser humano entre ser y pensar. "La dirección es del pensar al ser: el pensar descubre al ser, nos dice lo que es el ser y lo que es la realidad. Se trata, pues, de captar los movimientos del ser por medio del pensar. Se trata de ser conscientes." (Panikkar, 2004, p. 385). El pensamiento está en lo simbólico, que se percibe intuitivamente y que se conoce de la misma forma.

El pensarse a sí mismo de los adolescentes los hace descubrirse y determinar su propio ser. Esto es, les abre las puertas a la búsqueda de la propia identidad y les ubica a fin de determinar qué tipo de persona desean ser, sexualmente hablando.

El nivel mítico del discurso es aquel que se refiere a la configuración de la conciencia, no a los aspectos analíticos de la conciencia. Es una imagen concentrada del mundo, del papel de la humanidad (hombre) y de cómo enfrentar los problemas de siempre. Con ello se interpreta a sí mismo el ser humano. Es la forma en que se configura un fenómeno. En éste caso, el fenómeno sexual. Con lo que se está indicando que el fenómeno sexual siempre ha planteado interrogantes a todo ser humano y las sigue planteando en la población adolescente. De la respuesta que hagan, dependerán sus propios procesos de identidad y sobre todo, las actividades sexuales que vivirán.

Siguiendo a Derridá (1978): Existen desde su punto de vista cuatro niveles de discurso, 1. El más superficial, en el cual ubicaremos al discurso, al habla en general y que implica la comunicación; 2. El nivel del cuento, de la novela, las historias, etcétera, que pertenecen al nivel de la asociación libre; 3. El tercer nivel está en las leyendas, que establecen acciones que marcan conducta y dan identidad; para finalmente llegar al nivel 4. que es nivel mítico, que aborda los más profundos temas del ser humano y que corresponde al discurso inconsciente, el cual se elabora con símbolos.

Así, el nivel discursivo nos permite hablar de los distintos tipos de narraciones y sobre todo, de la profundidad de la misma, ya que aunque todas implican al discurso, algunas van desde lo más consciente, atraviesan lo preconsciente y se nutren de lo inconsciente.

De esta manera, hay una relación directa entre la función del lenguaje y las representaciones inconscientes (Freud 1900/1981). Por un lado, corre el aspecto social del pensamiento y del lenguaje y se construye en lo individual, en la palabra y la narración del individuo. Esto es, cada uno construye su propia significación del lenguaje y sus propios significados simbólicos individuales, aunque todos los significados tienen algo de común a partir de la intersubjetividad. Es decir, todos sienten los afectos y cada uno los expresa de manera distinta.

En el caso de los cuentos eróticos, cumplen con la función de preparar al individuo para descubrir tal intersubjetividad que ocurre en la sexualidad, así como la narración que hagan de dicha experiencia les prepara, de cierta manera, para la vida adulta.

La narración les enseña a descubrir sus formas de simbolizar, de vivenciar, de expresar y de construir (pensar) la propia sexualidad, con la finalidad de que deje de ser sexo y se convierta en sexualidad humana. Es pasar de ser Enkidu, transformarse por la narración de la sexualidad y convertirse en humanos. Es dejar la descripción del sexo, para volverlo poema de amor.

El papel simbolizante

La simbolización del mito, del relato o del cuento, al igual que el sueño, toma fragmentos de la vida diaria, de situaciones que generan tensión al aparato psíquico y se reformulan como productos psíquicos en el interior de la mente del sujeto, gracias a la elaboración secundaria, con lo que la vida real externa es transformada en vida anímica y sobre todo, metafórica (Hillman, 2004), con lo que los sucesos del mito, del cuento o del sueño, pertenecen a la propia subjetividad.

En el caso de la narración, el trabajo de la realización de deseos es superior, ya que no hay distinción en la imaginación del ser humano, entre trabajo y juego, o entre realidad y placer, entre deseo y realización del mismo, por lo que cualquier realidad se puede plasmar y aceptar, así, todo el trabajo está puesto al servicio de la simbolización. Con lo que, la simbolización de la actividad sexual también recibe el mismo tratamiento que todas las demás realidades del aparato mental.

Así, la sexualidad es simbolizada, es vivida a través de los símbolos que el individuo construye desde su más temprana infancia, hasta consolidarlos en la adolescencia, símbolos que se vuelven conductas y que implican pensamientos y afectos.

La narración de la fantasía erótica para el adolescente, a través del simbolismo les favorece la adquisición de modelos de identidad que posteriormente vivirán en su vida adulta y que les permitirá representar los diversos aspectos en que la sexualidad se ha constituido.

Empleos del cuento erótico en la adolescencia

El cuento al igual que la leyenda o las narraciones, permite que el individuo se identifique con ciertos aspectos del personaje y se vuelve su modelo de interacción para el futuro, ya que el personaje frecuentemente es constituido como héroe y eso permite, todavía más, la identificación con el personaje y con sus conductas, pensamientos y sentimientos, los cuales tendrán una mayor probabilidad de aparición en conductas específicas o situaciones específicas en la sexualidad.

El héroe del relato mítico, lo que devela es el alma humana, en donde las cualidades de la virtud, la imaginación y la razón hacen brillar esa porción humana, se vuelven espíritus excelsos que heredan sus aprendizajes a los humanos y generan patrones de conducta. Así, el héroe desde antiguo es el forjador de identidad para el que se identifica con él (Campbell, 1972), el héroe le brinda identidad al adolescente, si el héroe es un héroe sexual, la identidad será de tipo sexual.

El tema narrativo se construye a partir de una estandarización de fórmulas de las acciones humanas (situaciones y configuraciones), de patrones de comportamiento y pasan a ser abarcadas por los estereotipos, para finalmente, ser estandarizadas en conductas y temas relacionados con dichas conductas, por sistemas de pensamientos y por sistemas de afectos. Por ejemplo, no se puede entender en occidente, la sexualidad sin amor. Este es un tema que se ha estandarizado en una fórmula y que se ha vuelto estereotipo, con todo lo que ello implica, esto es, tiene que asumir siempre que para que haya sexo, se requiere el amor. Cuando que se sabe hoy en día ocurre que puede haber sexo sin amor y puede haber amor sin sexo.

El protagonismo del sujeto forma y desarrolla el ya que observa los planteamientos dilemáticos de sus deseos y, por otro lado, de las defensas y, con ello una respuesta que ocurre en la conducta. Es una tarea del adolescente descubrirse y sobre todo, descubrir su Yo, siendo la literatura un vehículo para tales descubrimientos.

El cómo se planteó la situación el protagonista y del cómo resolvió dicho dilema y, los manejos que hizo él, dependerá la forma de actuar del adolescente en concordancia con su propia realidad. Así, el cuento erótico es una forma de generalización del conflicto psíquico, de sus deseos y las defensas provenientes de la realidad, que el individuo vive en su conducta singular. Es la intersubjetividad en pleno, ya que se sabe que todos los adolescentes tienen la misma percepción del fenómeno y que cada uno le da un manejo distinto. Todos podemos entender qué es lo que ocurre con el otro y consigo mismo. Así, el relato, señala lo que el héroe siente y lo puede transmitir a todos los que saben de la narración que hizo dicho héroe.

Los procesos emocionales que encontramos en el héroe sexual son: pulsión, deseo, seducción, descarga de la pulsión y resolución. Este proceso manejado a través de los símbolos de la narración, permite al adolescente resolver la situación en cada una de las distintas partes de la composición de la conducta sexual. Le permite enfocarse en lo que es su problemática y le permite resolverla de la manera en que la sociedad ha encontrado adecuado para resolverlo.

El manejo de la imaginación. El adolescente es capaz de ubicarse en una situación de forma segura a través de la imaginación del relato. Es como un soñar despierto, él puede decidir en qué momento parar y, como no hay reglas que se puedan romper, ya que todo es permitido, va logrando con ello los límites de su propia acción.

A fin de poder ingresar en lo desconocido del sexo y de lo inexperimentado, se orientará hacia los terrenos de la aventura, lo heroico, el sentimiento y la acción. Ahí es donde aprende los roles, los estereotipos, las conductas de género, las conductas esperadas, los valores de su acción, entre otras cosas. Aprende las conductas, pensamientos y sentimientos viriles o bien, los femeninos, sin menoscabo de la conducta realizada y sin dañar a otros con su conducta, puede anticipar y sobre todo, planear.

Son los temas de aventuras, los descubrimientos, las experiencias, la novedad, el hallazgo, la apertura a un mundo insospechado e inédito, los caminos por los que el adolescente transita en su búsqueda de identidad personal y sexual. Por ello el protagonista o héroe es sumamente adoptado como un modelo de identidad. Proceso que se sabe corresponde a la adolescencia.

El diálogo consigo mismo y la construcción de su mundo pasa por los relatos de lo sexual. Así, el relato se convierte en la manifestación de la estructura de su propio mundo y de la construcción personal.

Conclusiones

Desde la antigüedad, las obras escritas como la epopeya de Gilgamesh en cuya tablilla 3 aparece el poder de la seducción y la sexualidad humana, hasta los cuentos de Perreault y la bella durmiente, pasando por el velo de Zherezada, hasta las memorias de Anaïs Nïn, tenemos que la sexualidad es el tema profundo del ser humano y, el erotismo su forma manifestación. Así, estos relatos de la antigüedad contienen narraciones que orientan al joven en el camino de la sexualidad que humaniza y que transforma al ser humano.

- Los relatos orientan y encaminan la sexualidad en este periodo de transición, llamado adolescencia, hasta su transformación total en sexualidad adulta.
- La intersubjetividad aparece en el nivel mítico, al poder entender lo que el otro siente, en especial el héroe, como un punto de espejeo de lo que al otro sucede, me sucede a mí mismo. De cómo el otro resuelve, puedo resolver.
- Los relatos de fantasías eróticas, puestos en cuentos, permiten conocer los deseos preconscientes de los individuos que los impelen a la acción.
- El tipo de fantasías eróticas preferido, denotan la evolución psíquica del adolescente.
- Se generan modelos estereotípicos de funcionamiento y de conducta a fin de economizar la respuesta.
- Escuchar los relatos adolescentes es útil para formarse un criterio de su sexualidad, sexualidad precedida por el afecto.

Bibliografía

Campbell, J. (1972) *El héroe de las mil caras*. México: Fondo de Cultura Económica.

Caudillo, C. (1998) Fantasía erótica: de la ansiedad al orgasmo. En: González, J. J. (Comp.) *Expresiones de la sexualidad masculina. Normalidad y patología*. México: Instituto de Investigación en Psicología Clínica y Social.

Caudillo, C. (2001) La doble escisión o disociación en adictos a la pornografía en internet. En: Tesis de Doctorado en Investigación Psicoanalítica. México: Instituto de Investigación en Psicología Clínica y Social.

Cerna, M. A. (2007) La fantasía erótica en adolescentes. En: Tesis de Maestría. México: Instituto de Investigación en Psicología Clínica y Social.

Derrida, J. (1978) *De gramatología. La escritura*. México: Siglo XXI.

Freud, S. (1900/1981) *La interpretación de los sueños*. Madrid, España: Biblioteca Nueva.

Gahete, M. (2007) *Mitos urbanos*. España: Alfaguara.

García, B. (1977) *La sonrisa vertical*. España: Barsa.

González, J. J. (1998) *Expresiones de la sexualidad masculina. Normalidad y patología*. México: Instituto de Investigación en Psicología Clínica y Social.

Hillman, J. (2004) Psique y Eros, en la experiencia profunda. En: *El mito del Análisis. Tres ensayos de psicología arquetípica*. Argentina: Siruela.

Leroy, M. (1996) *El placer femenino: qué piensan las mujeres sobre el sexo*. Barcelona, España: Paidós.

Masters, W., Johnson, V. y Kolondy (1986) *Enciclopedia de la sexualidad Humana*. Barcelona: Grijalbo.

Morin, J. (1999) *La mente erótica*. México: Aguilar-Santillana.

Panikkar, R. (2004) *Huellas del Espíritu en la prehistoria*. España: Universitat Jaume.

Renaud, Ch. y Byers, S. (1999) Explorin the frecuency, diversity and content of university students, positive and negative sexual cognitions. In: *The Canadian Jpurnal Of Human Sexualite*. Vol. VIII. East York.

Los cuentos de héroes y villanos en la adolescencia

Carlos Rodrigo A. Peniche Amante
Jerome Anthony Evans

Al principio

Los Señores Dioses, *Ometecuhtli* y *Omecihuatl*, crearon a los primeros dioses, *Tonacatecuhtli* y *Tonacacihuatl*, para que poblaran el universo, y tuvieron cuatro hijos. El segundo de ellos nació negro, con garras y colmillos de jaguar, y lo llamaron *Tezcatlipoca* –espejo negro que humea–, el tercero nació blanco, con cabello rubio y ojos azules y lo llamaron *Quetzalcóatl* –serpiente emplumada–.

Tezcatlipoca tiene el don de la omnipresencia, es dios de guerreros y príncipes, del frío y del cielo nocturno. Tiene una pierna más corta que la otra: el balance que el hombre ha buscado por mucho tiempo.

Quetzalcóatl, el "gemelo precioso", es tanto el dios civilizador como el dios de la brujería. Inventor de las artes, la orfebrería y el tejido. Ambos están envueltos en una lucha interminable, ya que Tezcatlipoca representa la oscuridad y Quetzacóatl la luz. Durante la noche, Tezcatlipoca es el vencedor, pero al amanecer, Quetzalcóatl resucita y vence a Tezcatlipoca (Minecci, 1999).

Los mitos y la cultura

Para ser funcionales, las sociedades establecen costumbres, muchas de las cuales son explicadas a través del *folklore* y la mitología, ya que éstas proporcionan las formas para expresar lo inconsciente, facilitando que éste sea encauzado a través de vías que todos los miembros de dicha sociedad compartan (May, 1992). Así, los mitos y el folklore son canales para que los individuos den forma a los arquetipos (Jung, 1959) las experiencias infantiles reprimidas y lo inconsciente, formando un sistema proyectivo que estructura los contenidos mentales más profundos, volviéndolos manipulables y accesibles (Kardiner, 1955).

Los mitos son la narración en proceso secundario de lo inconsciente, permiten que dichos contenidos accedan a la consciencia, promoviendo la salud emocional del grupo, ya que movilizan la conducta del individuo para que pueda satisfacer sus necesidades más profundas en formas que sean aceptadas socialmente. Lo importante en un mito no es si lo narrado es fantasía o si ocurrió en la realidad (May, 1992). Su objetivo no es la transmisión del conocimiento realista ni objetivo, sino la conservación del equilibrio personal y del grupo (Meletinski, 2006).

Dentro de los mitos que el hombre ha forjado, el Héroe es uno de los más perdurables a través del tiempo. El Héroe satisface la necesidad de la masa de contar con una figura a quien admirar, es la añoranza del padre. Condensa la claridad de pensamiento, la fuerza de voluntad, la robustez, la autonomía y la independencia. (Freud 1934-1938 [1939] /1981).

La figura del Héroe representa lo inconsciente, es la esencia de los arquetipos (Galimberti, 2002). Permite que el individuo dé forma a los contenidos arcaicos, lo que es un proceso fundamental para la individuación. Es el anunciador de la renovación, el portador de la sabiduría y de la cultura (Neumann, 1949/1995, en Galimberti, 2002).

Aunque las narraciones de los héroes puedan variar en detalles, el mito posee una estructura característica: (Henderson, 1964; en Jung, 1964).

a. nacimiento u origen divinos
b. evidencias tempranas de fortaleza sobrehumana
c. encumbramiento
d. triunfo contra el mal
e. derrumbe al mostrarse débil ante el hybris (pecado de orgullo) y
f. sacrificio heroico donde encuentra la muerte.

El héroe sobresale de los demás individuos no sólo por su origen divino y porque posee rasgos que son deseables por los miembros de la sociedad donde surja (fortaleza, valor, entrega, etcétera); esencialmente, el héroe se distingue porque se prueba a sí mismo a través de sus actos.

Al estar por encima del resto de los hombres, el héroe no pertenece totalmente a su comunidad pero representa sus expectativas y así, personifica los ideales colectivos y el éxito individual (Valle, 2007).

Los *comics*

Los héroes de nuestra sociedad postmoderna vieron la luz en los *comics*, publicaciones originadas a finales del siglo XIX, como una estrategia editorial dirigida a los migrantes y marginales, masas cuya alfabetización e integración a la cultura de los países industrializados fue facilitada por los personajes de los comics, que comenzaron a erigirse como el equivalente contemporáneo de los héroes clásicos.

Tras la Primera Guerra Mundial (1914-1918) la población que quedó en medio de hambre, depresión y pobreza tuvo la necesidad de una figura fuerte que al menos en el pensamiento mágico los condujera fuera de esta situación, defendiéndolos del "otro" desconocido y de la cotidianidad angustiante.

A unos meses del inicio de la Segunda Guerra Mundial (1939-1945) surge *Superman*, el primer superhéroe, que sentaría las características de éstos personajes:

a. poderes, habilidades o equipamiento extraordinarios
b. motivaciones tales como la venganza, la responsabilidad, la culpa o el deber ineludible,
c. identidad secreta
d. apariencia extravagante
e. antagonistas dentro de los cuales destaca un enemigo, su antítesis.

Los superhéroes muestran claramente el renacimiento en su narrativa: se regeneran regresando de la muerte renaciendo de sí mismos (Campbell, 1959; Valle, 2007) y por lo tanto, sus historias no concluyen, como si el tiempo no transcurriera en forma decisiva. Las historias parecieran permanecer estáticas a pesar de que la narrativa avanza. Este renacimiento eterno es una forma de negar la muerte, una manifestación de regresión a la omnipotencia infantil, donde fantasear sin temor a las consecuencias (Por ejemplo, Superman siempre se encuentra salvando Metrópolis, Batman permanentemente está enfrentándose a su deseo de venganza por la muerte de sus padres, etcétera).

El dúo dinámico

El origen de *Batman* se remonta al momento traumático en que Bruce Wayne presenció el asesinato de sus padres. La culpa de no haberlo

evitado lo obsesiona y lo guía a realizar proezas que canalicen su deseo de venganza. Huérfano, se compromete a dedicar su vida a perseguir criminales para evitar que vuelva a suceder (Giordiano, 1983). Se exilia buscando entrenarse a la perfección para lograr su misión y al concluir su periodo formativo decide inspirar miedo a los criminales adoptando así, la identidad del murciélago.

El *Joker* –bufón, guasón– es su antagonista principal y desde el inicio, se distinguió por lo violento de sus acciones. Liquida a sus víctimas mediante un gas venenoso que las deja marcadas con una sonrisa grotesca, tras de lo cual deja su tarjeta de visita: un naipe con la figura que le da nombre. A pesar del intenso odio que siente hacia Batman, la venganza no es el trasfondo de sus actos, actúa así porque no puede evitarlo (Gold, 1988).

Jack Naiper llega al límite de sí mismo tras el fallecimiento traumático de su esposa, embarazada de seis meses. Termina involucrándose en un robo fallido a la fábrica de naipes donde trabajaba y aterrorizado por la llegada de Batman, escapa zambulléndose en un tanque lleno de desperdicios tóxicos que lo desfiguran haciéndolo parecer un payaso grotesco. Enloquece y adopta la identidad del Joker, el bufón, que simbólicamente está unido a la locura (Biedermann, 1993).

La relación de estos antagonistas es la esencia de la historia: (Peniche, 2001). Batman se echa a cuestas la responsabilidad de redimirlo y convertirlo en un "ciudadano de bien". Para ambos, el otro es la representación de aquello que les dañó: para Batman, el Joker es la agresión descontrolada de Gotham que asesinó a sus padres. Para el Joker, Batman es la representación de la sociedad que lo orilló a convertirse en lo que es.

Los Héroes habitan en palacios o mansiones, los villanos se esconden en sus guaridas. Batman vive en ambos. De día vive en la Mansión Wayne, bajo cuyos cimientos se encuentra su guarida, la *Baticueva*. Simbólicamente, la bondad se asocia al cielo y al mal se le coloca bajo tierra. Es una dualidad, dos caras escindidas de una misma persona.

Arriba, en su torre de marfil, todo es ordenado, las pulsiones están controladas, canalizadas a la productividad corporativa y a lo sofisticado. Abajo, en la oscuridad, se encuentra la Baticueva, donde las cosas dejan de ser en blanco y negro y lo que es moral y ético puede ser cuestionado. Es un nivel más arcaico, donde las cosas son siniestras y la pulsión se actúa en forma más directa, ya que no hay proceso secundario (Cuddon, 1999). Batman no es bonachón como Superman. Si el ser humano, tiene que contener todo el tiempo a sus propios demonios, es difícil responder ¿hasta dónde un personaje como Batman es un héroe o a partir de qué punto es un villano? ¿prevalece en él la actuación impulsiva o puede dominarla convirtiéndolo en pulsión derivada mediante el proceso secundario? ¿Disfruta de ser un ser oscuro de la noche y dejarse llevar por la creatividad que la oscuridad hace nacer en él? ¿O en lugar de eso, lo consumen sus deseos de venganza?

Es en este punto que su vínculo con el Joker es más profundo. El Joker siente placer al no poder ser reconstituido, al quedarse en su mundo resquebrajado; el caos es una adaptación que le sienta bien. Es el inverso de Batman: Batman es el sano, serio y sofisticado héroe abnegado. Representa su lado bárbaro, impulsivo y enajenado. Dos lados de la misma personalidad narcisista.

La relación interpersonal entre Batman y el Joker está cargada de agresión. Siguiendo la línea de pensamiento de Klein (Tyson y Tyson, 1990), al no integrar sus propios elementos agresivos, los depositan en el otro a quien a veces parecieran imitar, a través de la identificación proyectiva. Las permanentes bufonadas del Joker se originan en su falla para integrar sus pulsiones: los descarga en forma primaria al no poderles dar dirección.

De acuerdo con el pensamiento de Anna Freud (Tyson y Tyson, 1990) el proceso de culturización genera una intensa rabia que interfiere con el duelo del proceso de crecimiento y por lo tanto, paraliza el desarrollo. Este ciclo interminable es el que mantiene al Joker atrapado en su rabia, elige permanecer en el dolor sin poder elaborar las situaciones traumáticas por las que ha tenido que pasar.

¡Santas transformaciones! La adolescencia

Adolescencia proviene del latín *adolescens*: crecer. Para Knobel (En Aberastury y Knobel, 1988), en esta etapa de la vida se busca consolidar la identidad adulta, apoyándose en las primeras internalizaciones objetales delimitadas por el entorno donde el individuo se desenvuelve. Para convertirse en adulto, el adolescente primero tiene que elaborar el duelo por su identidad infantil y su psique tiene que hacer ajustes para mantener la continuidad de su Sí-mismo dentro de un entorno social cada vez más cambiante y hostil.

Si el adolescente no encuentra un canal que permita la expresión de su vitalidad y la autorrealización, no alcanzará una adultez plena. La confrontación con una sociedad como la actual ocasiona que el adolescente caiga en crisis violentas, de tipo psicopático.

Las crisis adolescentes están fuertemente relacionadas con el resurgimiento de lo pregenital: al intensificarse lo biológico y perder eficiencia los controles sociales y parentales instaurados en la niñez, hay una recreación de las tendencias psicológicas arcaicas (se espera del adolescente una impulsividad y una emotividad desbordadas, que distorsione la realidad a través de la fantasía…). Este descontrol lo lleva a la búsqueda de relaciones interpersonales fuera de su familia bajo un esquema de elección narcisista: idealiza a sus amigos y se provee de ídolos que le proporcionan ilusoriamente las cualidades que le faltan para alcanzar sus ideales.

De esta forma, el narcisismo intensificado también ocasiona que las autopercepciones se vuelvan más importantes que la realidad externa. Lo interno se adjudica al exterior, como sucede en las alucinaciones. (González Núñez, Romero y De Tavira, 1986). Así, el adolescente recurre a la estrategia de dar más importancia a sus pensamientos y emociones que a la realidad exterior. En este sentido, no sólo se proyecta hacia afuera, sino que las pulsiones angustiantes exacerban el interés del adolescente por sí mismo.

Soluciones terapéuticas de Batman y el Joker

A pesar de lo caóticas y agresivas que pueden ser las historias de Batman y el Joker, en su narrativa se encuentran soluciones terapéuticas que pueden ayudar a elaborar al adolescente su propio caos.

Aunque el origen de Batman son sus deseos de venganza, es importante resaltar que él decide enfocar sus esfuerzos a disciplinarse para poder contener a los criminales, es decir, a sus propias pulsiones.

Batman se crea a sí mismo para cumplir con su gesta heroica. A pesar de su aislamiento, acepta la ayuda de objetos que le dan contención y evitan que no exceda determinados límites. Alfred, su mayordomo, es la figura maternante siempre disponible. Robin, su compañero, lo mantiene anclado en la realidad y le ayuda a aligerar algo de lo sombrío de su figura. James Gordon cree en él y permanentemente canaliza los aspectos más persecutores de su Superyo hacia cauces más protectores y realistas.

Las máscaras –y por extensión, los disfraces–, llevan al individuo que las porta a transformarse interiormente por lo que, durante el tiempo que la lleva puesta, asume las cualidades del ser que dicha máscara represente (Biedermann, 1993).

Bruce Wayne se oculta tras la máscara del murciélago; al convertirse ilusoriamente en un ser oscuro (murciélago) se inmuniza contra sus demonios internos, depositando en un objeto omnipotente aquel valor del que inconscientemente cree carecer. La máscara del murciélago le ayuda a contener al Joker, lo arcaico y primitivo.

Cuando Batman pierde los controles que lo contienen, llega al límite y cae derrotado, no porque su enemigo sea más poderoso que él, sino porque pierde el control de su propia agresividad.

El héroe del *comic* se regenera tras la caída. Por esto, Batman se reestructura y enfrenta a su antítesis que amenaza con dominarlo. Batman, arquetípicamente, encarna la lucha contra el caos, ya sea el caos que viene de fuera y se lleva lo más preciado o el caos que ataca desde dentro y no deja espacio para la tranquilidad.

Batman personifica un conflicto humano, guiado por la agresión que lo motiva y por el amor que le da dirección. Su motivación inicial es la venganza, pero su meta es reparadora: que nadie sufra lo que él sufrió.

En el trabajo terapéutico con adolescentes la meta va más allá de la reparación. El analista tiene que buscar que el adolescente integre estas partes disociadas de su sí mismo en un todo más cohesivo.

El héroe puede dominar su pulsión en gran medida porque, en el sentido de Winnicott se rodea de "espejos buenos" que le reflejan sus aspectos positivos y lo conducen a rescatarse y buscar su sí mismo verdadero. Los villanos se rodean de "espejos" que reflejan su impulsividad más destructiva conduciéndolos a consolidar un falso sí mismo. Cabe reflexionar: ¿en qué espejos eligen reflejarse nuestros pacientes? ¿Rodean su vida de imágenes falsas y fragmentadas de sí mismos? ¿O se rodean de imágenes más cohesivas y acordes a la realidad?

La lucha entre Batman y el Joker es un combate cíclico entre el raciocinio y el impulso, es lo humano de ambos personajes lo que facilita que el lector vivencie a través de esta lucha interminable, su propia lucha por mantener dominada la pulsión, por transformarla en un elemento valioso para él mismo y para su sociedad.

Conclusiones y sugerencias

• La narrativa es una forma de comunicación presente en la humanidad mucho antes de la aparición de la escritura, es uno de los vínculos humanos enraizados desde la prehistoria. Sirve como un canal que da cauce a muchos de los elementos psíquicos y emocionales profundos, ayudando a fortalecer al Yo del individuo para hacerle frente a sus emociones. En cierto sentido, puede considerarse que narrar los eventos importantes de la vida, es una de las costumbres que nos define como seres humanos, sin importar el medio en el cual aparezcan las historias: pueden estar en las páginas de un libro, en la pantalla de un cine, en las bocinas de la radio o en voz de algún ser querido.

• Es necesario puntualizar que, para el psiquismo profundo, lo importante de una historia no es si los hechos son objetivos o si estos sucedieron en la realidad; lo trascendente es que la historia sea narrada.

• A través de procesos psíquicos inconscientes tales como la proyección y la identificación, colocamos en diversos personajes aspectos conflictivos de nuestro mundo interno –afectos, emociones e ideas- y en esta forma, dichos aspectos intrapsíquicos se vuelven más manejables al quedar objetivados dentro del mundo externo.

• Los propios aspectos rechazados –agresividad, celos, envidia o deseos de destruir– y los idealizados –cariño, solidaridad, autosacrificio y benevolencia– se encuentran dentro de los elementos psíquicos que más frecuentemente generan al individuo conflictos emocionales y, por lo tanto, son de los aspectos más presentes dentro de incontables mitos, cuentos y leyendas de todos los tiempos.

• En ocasiones es probable inquietarse por los contenidos agresivos o erotizados que se encuentran en la música, las películas, los libros, los videojuegos o los personajes que siguen los niños y los adolescentes. Es importante tener muy presente que casi siempre, son las versiones actualizadas de los mitos, los cuentos y las leyendas en los que siempre, desde la prehistoria, los seres humanos hemos depositado nuestros conflictos. Por lo mismo, es más enriquecedor recordar que a través de estas narraciones puede tenderse un puente para establecer contacto profundo con nuestros hijos, nuestros alumnos, nuestros pacientes y, en general, con cualquier persona. Lo importante es no limitarse a los aspectos manifiestos de la historia y hacerse éstas preguntas: ¿Qué es lo que sucede en la historia? ¿Quiénes son los protagonistas? ¿Cuáles son sus motivaciones? ¿Qué poderes mágicos o habilidades especiales poseen? ¿Cómo interactúan los personajes entre sí? ¿Qué desenlace tiene la historia? Teniendo como guía estas preguntas, uno puede adentrarse en el mundo de fantasía que los relatos plantean y mediante éste, conocer a profundidad cuáles son los miedos y los anhelos de quien vuelve a narrar la historia.

Bibliografía

Aberastury, A. y Knobel, M. (1988). *La adolescencia normal. Un enfoque psicoanalítico*. México: Paidós Educador No. 57. pp 35-68.

Biedermann, H. (1993). *Diccionario de símbolos*. España: Paidós.

Campbell, J. (1959). *El héroe de las mil caras. Psicoanálisis del mito*. México: Fondo de Cultura Económica.

Cuddon, J. A. (1999). *The penguin dictionary of literary terms and literary theory*. Londres: Penguin Books. 4a. ed.

Freud, S. (1914/1981). Introducción al Narcisismo. En: *Obras Completas* Tomo II. España: Biblioteca Nueva.

Freud, S. (1934-8[1939]/1981). Moisés y la religión monoteísta. En: *Obras Completas* Tomo III. España: Biblioteca Nueva.

Galimberti, U. (2002). *Diccionario de Psicología*. México: Siglo XXI.

Giordiano, D. (1983). Growing Up With The Greatest En: *The Greatest Batman Stories Ever Told*. Estados Unidos: DC Comics.

Gold, M. (1988). *The Joker's Dozen En: The Greatest Joker Stories Ever Told*. Estados Unidos: DC Comics.

González-Núñez, J., Romero, J. y De Tavira, F. (1986). *Teoría y Técnica de la Psicoterapia Psicoanalítica de Adolescentes*. México: Trillas.

Henderson, J. L. (1964). Los mitos antiguos y el hombre moderno. En: Jung, C. G. (1964/1997). *El hombre y sus símbolos*. España: Biblioteca Universal.

Jung, C. G. (1964/1997). *El hombre y sus símbolos*. España: Biblioteca Universal.

Jung, C. (1959). *Archetypes of the Collective Unconscious*. EUA: Phanteon. Collected Works of C.G. Jung Vol. 9 parte I.

Kardiner, A. (1955). La técnica del análisis psicodinámico. En: *Fronteras psicológicas de la sociedad*. México: Fondo de Cultura Económica.

Kohut, H. (1977). *Análisis del self*. Argentina: Amorrortu.

May, R. (1992). *La necesidad del mito*. España: Paidós.

Meletinski, E. (Noviembre, 2006). El mito y el siglo veinte. Entretextos. *Revista Electrónica Semestral de Estudios Semióticos de la Cultura*. 8. Disponible en Red:

http://www.ugr.es/~mcaceres/entretextos/entre8/meletinski.html [Septiembre, 2007]

Minnecci, M. (1999). *Antithesis and complementarity: Tecaztlipoca and Quetzalcoatl in the creation myths*, Estudios de Cultura Náhuatl, 30.

Neumann, E. (1949/1995). *The Origins and History of Consciousness*. EUA: Princeton University Press.

Peniche, R. (2001). Los mecanismos psicológicos en la lectura de co-
    mics. Tesis de Licenciatura en Psicología. México: Universidad
    Nacional Autónoma de México.

Tyson, P y Tyson, R. (1990). *Psychoanalytic theories of development.*
    EUA: Yale University Press y New Haven & London.

Valle, A. (2007). La cuestión del héroe y el honor: elementos educativos
    en la Iliada. *Paedagogium*. 6, 32. 12-15. México: Centro de Inves-
    tigación y Asesoría Pedagógica.

Winnicott, D. (1967) El papel del espejo de la madre y la familia en el
    desarrollo del niño En: *Realidad y juego* (1971). Argentina: Ge-
    disa.

(s/a) http://members.fortunecity.es/kaildoc/tenochtitlan/5soles.htm

Acerca de los autores

José de Jesús González Núñez

Doctor en psicología clínica y psicoanalista. Profesor de tiempo completo de la Facultad de Psicología de la Universidad Nacional Autónoma de México (UNAM). Presidente Honorario del Instituto de Investigación en Psicología Clínica y Social (IIPCS). Ha desempeñado diferentes cargos en la UNAM; entre otros, coordinador del Doctorado y del área clínica de la Facultad de Psicología. Es director de la revista *Alêtheia*. Es primer autor y compilador de 22 libros, autor de más de 100 artículos y ha impartido más de 300 conferencias académicas y de divulgación sobre la salud mental. Sus líneas de investigación comprenden la psicología de lo masculino, psicología de la adolescencia y psicoterapia psicoanalítica de grupos. Ejerce como psicoterapeuta y psicoanalista de adolescentes y adultos, individual y de grupo. En cuanto a líneas de investigación, trabaja el estudio teórico y técnico de la transferencia y contratransferencia.

Joseph Knobel Freud

Miembro fundador y docente de la Escuela de Clínica Psicoanalítica con Niños y Adolescentes de Barcelona, miembro fundador y en función Didacta de la Federación Española de Asociaciones de Psicoterapeutas (FEAP), miembro honorario de Quidem, Asociación Aragonesa de Psicoanálisis Aplicado y miembro fundador de la Asociación Española de Historia del Psicoanálisis. También es miembro de la Squiggle Foundation, en Londres. Ejerce como psicoanalista en práctica privada y es supervisor de diferentes centros y programas dedicados a la salud infanto-juvenil. Además, es coautor del libro *Clínica psicoanalítica con niños*, Ed. Síntesis.

Susana Zarco Villavicencio

Licenciada en psicología por la Universidad Intercontinental, obtuvo el grado de maestría en psicoterapia psicoanalítica individual, doctorado en psicología psicoanalítica y la especialidad en psicoterapia de pareja en el Instituto de Investigación en Psicología Clínica y Social (IIPCS). Candidata a la especialidad de psicoterapia de grupos, es psicoanalista y profesora de licenciatura y maestría del IIPCS. Es supervisora, psicoanalista didacta y sinodal de tesis a nivel licenciatura, maestría y doctorado. Es miembro del Consejo Académico y Técnico de Licenciatura. Coordinadora de posgrado del IIPCS. Es coautora de varios libros y autora de varios artículos en la revista *Alêtheia*. Se dedica a la consulta privada con adolescentes, adultos y parejas. Sus líneas de investigación comprenden el estudio de la psicodinamia de los padres combinados y la sobreprotección en la relación entre padres e hijos y psicoterapia de pareja.

María Eugenia Patlán López

Licenciada en psicología por la Universidad Iberoamericana. Obtuvo el grado de maestría en psicoterapia psicoanalítica individual y pasante del doctorado en psicología psicoanalítica por el Instituto de Investigación en Psicología Clínica y Social (IIPCS). Es profesora, analista didacta, secretaria de la Mesa Directiva del IIPCS. Con más de 10 años de experiencia en docencia a nivel licenciatura y 5 a nivel de posgrado, ha recibido varios reconocimientos por su experiencia docente, entre ellos el premio a la excelencia docente "José Vasconcelos" 2007 otorgado por la Asociación ALPES (Alianza para la Educación Superior). Es autora y coautora de diversas publicaciones del IIPCS. Se dedica a la consulta privada con adolescentes y adultos.

María de los Ángeles Núñez López

Es egresada de la licenciatura en psicología de la Universidad Nacional Autónoma de México. Tiene la especialidad en psicología clínica y psicoterapia de grupo en instituciones y la maestría en psicología clínica. Es maestra en psicoterapia psicoanalítica individual y tiene el doctorado en psicología psicoanalítica por el Instituto de Investigación en Psicología Clínica y Social (IIPCS). Además cursó el diplomado en orientación educativa en el Colegio de Bachilleres del Estado de Michoacán. Es coautora y autora de artículos en la revista *Alêtheia* y libros publicados por el IIPCS. Es docente en la licenciatura y en las maestrías del IIPCS. Es docente en la Universidad de Yucatán, psicoanalista individual y de grupo en la práctica privada. Su línea de investigación es el psicoanálisis aplicado a la educación y en el estudio de la figura paterna.

María del Carmen Gamietea Domínguez

Licenciatura, maestría y doctorado por la Universidad Iberoamericana. Doctorado en psicoterapia psicoanalítica por la Universidad Intercontinental. Psicoterapeuta psicoanalítica por la Asociación Mexicana de Psicoterapia Psicoanalítica. Miembro fundador del Instituto de Investigación en Psicología Clínica y Social; integrante de su consejo académico. Profesora de licenciatura y maestría. Diplomado en hipnoterapia médica por la Escuela Superior de Psicología de Ciudad Juárez. Ha presentado trabajos a nivel nacional e internacional, publicado trabajos en la revista *Alêtheia* y libros del Instituto de Investigación en Psicología Clínica y Social.

Patricia Landa Ramírez

Es licenciada en psicología clínica por la Universidad Nacional Autónoma de México, egresada de la maestría en psicoterapia psicoanalítica infantil y del doctorado en psicología psicoanalítica por el Instituto de Investigación en Psicología Clínica y Social (IIPCS). Se formó como psicoanalista en el mismo instituto. Cuenta con un diplomado en asesoría y orientación educativa por el Instituto Tecnológico y de Estudios Superiores de Monterrey (ITESM), Campus Ciudad de México. Esta Certificada nacionalmente como Instructora por el Centro Nacional de Evaluación para la Educacion Superior (CENEVAL). Es profesora titular en las maestrías del IIPCS, pertenece a la mesa directiva como coordinadora de membresías del mismo instituto. En la Universidad del Desarrollo Empresarial y Pedagógico fue coordinadora de psicopedagogía y profesora de bachillerato y licenciatura. Es coautora de diversas publicaciones editadas por el IIPCS. Se dedica a la consulta privada con niños, adolescentes y adultos.

Alejandra Plaza Espinosa

Licenciada en psicología por la Universidad Intercontinental, maestra en psicología clínica por la Universidad Nacional Autónoma de México (UNAM), especialista en psicoterapia psicoanalítica y doctora por el Instituto de Investigación en Psicología Clínica y Social (IIPCS). Psicoterapeuta psicoanalítica grupal, supervisora y psicoanalista didacta en el IIPCS, coordina la comisión de enlace internacional del mismo instituto. Ha sido catedrática en el IIIPCS, la Universidad de las Américas, Universidad del

Claustro de Sor Juana, Universidad del Tepeyac y en la Universidad del Valle de México, donde fue presidenta de la Academia de Psicología. También se ha desempeñado en el área laboral impartiendo cursos y en el área de selección de personal. Fue presidenta del IIPCS y ha sido coautora en diversas publicaciones del mismo Instituto. Sus líneas de investigación comprenden: valores, mujeres y el campo laboral, la relación intersubjetiva y el psicoanálisis. Pertenece a la División 39 de Psicoanálisis de la APA y a la Asociación de Psicoterapia Psicoanalítica Relacional, en donde ha presentado trabajos a nivel internacional.

Adriana González Padilla

Directora de la licenciatura en psicología del Instituto de Investigación en Psicología Clínica y Social (IIPCS). Es psicoanalista, supervisora y analista didacta. Catedrática de la licenciatura y maestrías del mismo Instituto. Maestría en psicoterapia psicoanalítica individual y doctorado en psicología psicoanalítica en el IIPCS. Maestría en psicología psicoanalítica en desarrollo infantil por el Centro de Anna Freud y The University College of London, en Londres, Inglaterra. Dirigió y supervisó el departamento de psicología de la Casa hogar PACO y Casa hogar San Vicente. Tesorera del IIPCS. Sus líneas de investigación son: afectos, moratoria, adolescencia, sintonía afectiva, maltrato y abuso sexual. De sus publicaciones destacan los siguientes títulos: "Instrumento de expresión afectiva desde el punto de vista de la psicología clínica", "Influencia de los afectos en la formación de un sí mismo en el bebé". Próximamente publicará el libro: *Sintonía y distonía afectiva en niños y adolescentes* así como en la Universidad Pedagógica Nacional. Ejerce en la consulta privada con niños, adolescentes y adultos.

Cecilia Reyes Torres

Es licenciada en psicología por la Universidad Intercontinental. Tiene la maestría en psicoterapia psicoanalítica infantil por el Instituto de Investigación en Psicología Clínica y Social (IIPCS). Es psicoanalista y psicoterapeuta de grupos y pasante del doctorado en psicología psicoanalítica por el IIPCS. Tiene especialidad en pruebas psicológicas. Es jefa del departamento de psicología de la preparatoria La Salle del Pedregal. Es profesora y miembro titular del IIPCS y es autora de diversos artículos de la revista *Alêtheia*. Se dedica a la práctica privada de: psicoterapia de niños, adolescentes, adultos, individual y de grupo.

Rebeca Oñate Galván

Es licenciada en psicología por la Universidad Intercontinental. Estudió maestría en psicoterapia psicoanalítica infantil y el doctorado en psicología psicoanalítica en el Instituto de Investigación en Psicología Clínica y Social (IIPCS). Es psicoanalista infantil, profesora titular, supervisora y analista didacta, expresidenta de la mesa directiva del IIPCS. Ha sido sinodal a nivel licenciatura, maestría y doctorado en el mismo instituto. En la Universidad Insurgentes desempeña el cargo de profesora de asignatura, directora de tesis y sinodal en la licenciatura de psicología. Es autora y coautora de diversas publicaciones del IIPCS en temas psicológicos como la agresión, la erotización y la mentira infantil. Ha presentado trabajos a nivel nacional e internacional. Se dedica a la consulta privada en psicoterapia psicoanalítica con niños, adolescentes y adultos. Su línea de investigación es la infancia y la psicoterapia infantil.

Claudia Mercedes Sotelo Arias

Licenciada en psicología por la facultad de psicología de la Universidad Nacional Autónoma de México, tiene la maestría con especialidad en psicoterapia psicoanalítica individual y es candidata al doctorado por el Instituto de Investigación en Psicología Clínica y Social. Ex profesora de Universidad Iberoamericana, docente de la licenciatura en psicología por la Universidad del Valle de México Campus Coyoacán y Tlalpan, de la licenciatura y maestrías del IIPCS. Ha desarrollado la línea de trabajo de la evaluación psicológica. Es autora y de artículos publicados en la revista *Alêtheia* y libros del IIPCS. Se dedica a la consulta privada con adolescentes, adultos y parejas.

Jael Alatriste García

Licenciada en psicología clínica por la Universidad Iberoamericana. Tiene la maestría con especialidad en psicoterapia psicoanalítica individual por el Instituto de Investigación en Psicología Clínica y Social (IIPCS) y la maestría en psicología clínica por la Universidad Nacional Autónoma de México (UNAM), tiene el doctorado en investigación psicoanalítica, la especialidad en psicoterapia psicoanalítica grupal, es supervisora y sinodal de tesis. Presidenta electa, miembro de consejo académico y consejo técnico de licenciatura del IIPCS. Es coautora de diversas publicaciones sobre la línea de lo masculino, sobre la psicodinamia de la duda, y sobre literatura y psicoanálisis. Ha impartido clases en los cursos básicos sobre psicoanálisis, en la licenciatura en psicología, en la maestría con especialidad en psicoterapia psicoanalítica individual en el IIPCS y materias de psicología en el Instituto Tecnológico y de Estudios Superiores de Monterrey (ITESM) Campus Ciudad de México. Ejerce la consulta privada en psicoterapia individual de adultos, pareja y familia y grupo.

Vanessa Nahoul Serio

Es doctora en psicología psicoanalítica y psicoanalista por el Instituto de Investigación en Psicología Clínica y Social (IIPCS). Además es analista didacta, supervisora didacta y psicoterapeuta de grupos. Fue profesora en la Universidad Iberoamericana; actualmente da clases en la licenciatura de psicología y en las maestrías en psicoterapia psicoanalítica en el IIPCS en donde también es sinodal de tesis a nivel licenciatura, maestría y doctorado. Es supervisora de prácticas en la licenciatura del IIPCS en donde coordina los talleres de mejoramiento personal a través del arte con adolescentes y acompañamiento. Tiene diploma de hipnoterapeuta. Coordina la Comisión de desarrollo científico y editorial. Es coautora y compiladora de varios libros de psicología de lo masculino y autora de diversos artículos de la revista *Alêtheia*. Es coautora del libro *Psicología psicoanalítica del arte,* publicado por Manual Moderno. Trabaja las líneas de investigación de la adolescencia y la del psicoanálisis aplicado al arte. Ejerce como psicoterapeuta y psicoanalista de adolescentes y de adultos, individual y de grupo.

Carlos Caudillo Herrera

Estudió filosofía por la Universidad del Valle de Atemajac, es licenciado en psicología social por la Universidad Autónoma Metropolitana, candidato a la maestría por la Universidad Iberoamericana, hizo la especialidad en psicoterapia psicoanalítica individual por el Instituto de Investigación en Psicología Clínica y Social. Es doctor en investigación psicoanalítica por el Instituto de Investigación en Psicología Clínica y Social. Catedrático, supervisor y analista didacta del Instituto de Investigación en Psicología Clínica y Social. Es autor de diversos artículos en revistas nacionales e internacionales. Autor del libro: *Sexualidad y vida Humana,* Universidad Iberoamericana. Sus líneas de investigación son: sexualidad, adicciones actuales (internet, sexual, relaciones, conductas de riesgo).

Carlos Rodrigo A. Peniche Amante

Es licenciado en psicología con mención honorífica por la Universidad Nacional Autónoma de México (UNAM). Tiene maestría en psicoterapia psicoanalítica y es candidato al doctorado en investigación psicoanalítica por el Instituto de Investigación en Psicología Clínica y Social (IIPCS). Ha laborado en el área de recursos humanos y desarrollo organizacional. Es autor y coautor de varias publicaciones del IIPCS. Es profesor de la licenciatura en psicología en la UNAM, el Instituto Politécnico Nacional (IPN) así como del IIPCS. Es miembro de la mesa directiva del mismo instituto, coordinando la comisión de medios visuales. Su línea de investigación son los medios masivos de comunicación y la relación entre la cultura y el individuo. Se dedica a la consulta con adolescentes y adultos.

Jerome Anthony Evans

Es licenciado en inglés por University of North London en Londres, Inglaterra, es pasante de la maestría y psicoterapeuta con especialidad en psicoterapia psicoanalítica infantil en el Instituto de Investigación en Psicología Clínica y Social (IIPCS), coordina la comisión de talleres del IIPCS. Con más de doce años de experiencia en la docencia en los programas de preparatoria en el Instituto Tecnológico y de Estudios Superiores de Monterrey (ITESM) del Campus de la Ciudad de México, donde da clases para los departamentos de idiomas y desarrollo. Ejerce la consulta privada en psicoterapia con niños, adolescentes y adultos.

Esta obra se terminó de imprimir
en agosto de 2018, en los Talleres de

IREMA, S.A. de C.V.
Oculistas No. 43, Col. Sifón
09400, Iztapalapa, D.F.